원어민 선생님과 함께하는 **파닉스 홈트레이닝**

별쌤(Stephanie Yim) 지음

초등학생을 위한
파닉스

1 알파벳 소릿값

이지스에듀

지은이 **별쌤, 본명은 스테파니 임(Stephanie Yim)**

미국에서도 교육열이 높기로 유명한 뉴욕 맨해튼의 차터스쿨 교사입니다. 미국에서 초등교육, 특수교육, ESL 교육 자격증을 취득하고, 미국 유치원인 프리스쿨과 공립 초등학교에서 10년째 어린이들에게 파닉스를 가르쳐 왔습니다. 미국에서 태어나고 자란 별쌤은 초등학교 2학년부터 한국에서 학교를 다닌 후 다시 미국에서 대학을 졸업하고 교사로 근무해, 한국과 미국 영어 교육의 차이를 아는 교육 전문가입니다. 미국 학교에서 10년 동안 파닉스를 가르치면서 쌓은 노하우를 바탕으로 한국의 어린이들에게 가장 정확한 파닉스를 가르쳐 주기 위해 《바쁜 초등학생을 위한 빠른 파닉스》를 집필했습니다.

한국에서도 미국 어린이들과 똑같은 방식으로 영어를 배울 수 있게 하겠다는 마음으로 2018년 11월 유튜브 채널을 개설하고, 파닉스 강의와 영어 챈트, 직접 만든 영어 노래를 소개해 국내 학부모와 선생님들에게 인기를 끌고 있습니다.

* 별쌤의 '미국 선생님의 진짜 어린이 영어 교육' 유튜브 채널을 구독해 보세요!
www.youtube.com/englishbyul

바쁜 초등학생을 위한 빠른 파닉스 — ① 알파벳 소릿값

초판 1쇄 발행 2020년 8월 20일
초판 10쇄 발행 2024년 9월 26일
지은이 별쌤 Stephanie Yim
발행인 이지연
펴낸곳 이지스퍼블리싱(주)
출판사 등록번호 제313-2010-123호
주소 서울시 마포구 잔다리로 109 이지스 빌딩 5층(우편번호 04003)
대표전화 02-325-1722　　　　　　　　　팩스 02-326-1723
이지스퍼블리싱 홈페이지 www.easyspub.com　　이지스에듀 카페 www.easyspub.co.kr
바빠 아지트 블로그 blog.naver.com/easyspub　인스타그램 @easys_edu
페이스북 www.facebook.com/easyspub2014　이메일 service@easyspub.co.kr

본부장 조은미　기획 및 책임 편집 정지연 | 이지혜, 박지연, 김현주　원어민 감수 Edithe Norgaisse　감수 박은정
교정 교열 이수정　삽화 김학수　별쌤 사진 Silver Yim　표지 및 내지 디자인 정우영　인쇄 명지북프린팅
마케팅 라혜주　영업 및 문의 이주동, 김요한(support@easyspub.co.kr)　독자 지원 박애림, 김수경

ISBN 979-11-6303-178-9
ISBN 979-11-6303-177-2(세트)
가격 12,000원

* **이지스에듀**는 이지스퍼블리싱(주)의 교육 브랜드입니다.

(이지스에듀는 학생들을 탈락시키지 않고 모두 목적지까지 데려가는 책을 만듭니다!)

"뉴욕 초등학교 파닉스 수업을 우리집에서 듣는다!"

영어 라이브 강의의 스타 강사, 원어민 선생님, 명강사들이
적극 추천한 '바쁜 초등학생을 위한 빠른 파닉스'

유튜브 강의가 있어 살아 있는 파닉스 학습이 가능하네요~

파닉스는 소리와 문자의 관계를 배우는 것으로 영어 소리에 대한 인지, 음소를 붙여 하나의 단어로 말하는 연습(블렌딩), 그리고 그 소리를 철자로 쓰는 것을 모두 포함합니다.

기존의 파닉스 교재들은 소리 인지와 블렌딩을 연습하는 부분이 없거나 많이 부족했습니다. 이 책은 유튜브 강의로 소리 인지와 블렌딩 연습을 할 수 있어 진정한 의미의 파닉스 학습이 가능합니다. 또 일상생활에서 쉽게 활용할 수 있는 단어와 문장을 예시로 제시하고 있다는 점도 〈바쁜 파닉스〉를 최고의 파닉스 교재로 꼽는 이유입니다!

박은정 선생님(영어 라이브 강의의 스타 강사, 박은정쌤의 영어 연구소)

영어 유창성을 키우려면 꼭 필요한 책!

This Phonics book has engaging, kid-friendly instruction on the English sound system. This isn't your typical phonics book. It has authentic examples and various activities for skill building, including interactive videos. This Phonics book is a must have on the road to becoming fluent in English.

이 책은 영어 파닉스 사운드를 아이들의 눈높이에 맞추어 흥미롭게 가르쳐 줍니다. 보통의 파닉스 책들과는 다릅니다. 생생한 예시와 파닉스 스킬을 키우기 위한 다양한 활동들, 선생님과 질문과 대답을 주고받는 형식의 동영상 강의를 담고 있습니다. 아이들의 영어 유창성을 키워 주려면 꼭 필요한 책입니다.

Edithe Norgaisse 에디스 노르가이스 (뉴욕 학교 ELS Coordinator)

뉴욕 초등학교 선생님에게 배우는 정확한 파닉스!

뉴욕은 미국에서도 파닉스부터 정확한 발음 학습을 통해 의사전달을 명확하게 전달하는 교육이 가장 잘 이루어지고 있는 지역입니다. 이 책은 뉴욕 현지 초등학교 선생님이 직접 가르치는 방법으로 파닉스를 정확하게 익힐 수 있도록 구성한 책입니다. 책 속 QR코드를 찍으면 유튜브로 연결되어 집에서도 뉴욕 초등학교 파닉스 수업을 들을 수 있습니다.

또 파닉스 규칙 중에서도 가장 많이 사용하는 규칙에 집중해 효율적으로 공부하도록 구성한 점도 돋보입니다.

김진영 원장님(연세 YT어학원 청라캠퍼스)

한글만 안다면 누구나 파닉스를 익힐 수 있는 책!

초등 영어의 핵심이자 중·고등 영어 성적의 비결은 영어 독서입니다. 영어 독서를 하기 위해서는 먼저 파닉스를 익혀야 합니다.

'기역, 니은 … '을 읽으며 자음과 모음의 음가를 익혀 한글을 깨우쳤던 것처럼 파닉스는 알파벳이 각각 어떤 소리를 내는지 이해하고 발음하는 것에서 시작됩니다. 영어의 알파벳마다 가장 가까운 소리를 내는 한글 자음, 모음과 연결하는 방식으로 구성된 이 교재는 한글을 읽을 수 있는 아이라면 누구나 파닉스의 원리를 이해하고 영어책 읽기를 시작할 수 있게 돕습니다.

이은경 선생님('이은경TV_슬기로운초등생활' 교육 유튜브 운영자)

우리집에서도 뉴욕 파닉스 수업을 들을 수 있어요!

미국 영어 교육의 핵심은 글을 정확하고 빠르게 읽는 능력(Reading Fluency)!

미국 교육에서는 Reading Fluency(읽기 유창성)를 아주 중요하게 여깁니다. Reading Fluency(읽기 유창성)은 글을 정확하고 빠르게 읽는 능력을 말합니다.

읽기 유창성을 기르기 위해서는 Decoding(암호를 해독하듯 글자와 소리를 연결해 읽기) 과정이 반드시 필요합니다. Decoding 과정을 통해 읽기 유창성이 먼저 길러져야 뜻을 파악하며 읽는 단계로 넘어가며 읽기 능력이 발달되기 때문입니다.

우리가 배울 이 파닉스는 Decoding(해독하기) 능력을 키우는 데 꼭 필요합니다. Decoding에는 파닉스를 비롯한 4가지 단계가 있습니다.

Decoding(해독하기)			
1. Phonemic Awareness (음소 인식)	**2. Phonics** (파닉스)	**3. Blending** (블렌딩)	**4. Sight Word** (사이트 워드)
소리를 듣고 아는 능력	알파벳 글자와 이름, 소리를 아는 능력	소리를 붙여서 읽는 능력	영어에서 아주 자주 나오는 단어로 한 눈에 바로 읽을 수 있어야 함.
예 [캣] 소리를 듣고 [ㅋ], [애], [ㅌ]와 같이 소리를 구분하기	예 알파벳 Aa(에이)는 [애]소리	예 c[ㅋ], a[애], t[ㅌ] 소리를 붙여 읽으면 cat[캩]!	예 the, a, she

Decoding 능력을 키우려면 파닉스뿐만 아니라 '음소 인식'부터 '블렌딩', '사이트 워드'에 이르기까지 4가지가 모두 충족되어야 합니다.

《바쁜 초등학생을 위한 빠른 파닉스》에는 Decoding에 꼭 필요한 4가지를 모두 책 속에 녹여 내어 근본적인 영어 학습에 도움이 되도록 구성했습니다.

미국 초등학생들이 배우는 방식으로 파닉스를 배워요!

저는 이 책에 미국에서 10년 동안 유치원과 초등학교에서 파닉스를 가르치면서 배운 노하우를 모두 담았습니다. 단순히 알파벳의 소릿값만 알려주는 것이 아니라 각 알파벳마다 아이들이 쉽고 재미있게 배울 수 있도록 소리가 연상되는 단어

알파벳 이름   단어

알파벳 소리& 동작

와 동작을 함께 선정했습니다. 제가 경험한 바에 따르면 단순히 소리만 알려줄 때보다 동작을 함께 했을 때 아이들이 훨씬 빠르게 파닉스를 배우기 때문이지요.

매일 블렌딩 연습을 하면
단어 읽기가 쉬워져요!

1권에서 특히 중요하게 다룬 부분이 바로 블렌딩(알파벳 소리를 붙여서 단어로 읽기) 연습입니다. 파닉스를 배워도 단어를 읽어 내지 못하면 아무 소용없으니까요. 블렌딩 연습을 충분히 하면 처음 보는 영어 단어도 척척 읽어내는 힘이 생깁니다.

이 책에서는 미국 어린이들이 읽기 연습을 하는 것처럼 1, 2권에 나누어 블렌딩 연습을 합니다. 1권은 첫소리를 중심으로, 두 가지 소리를 블렌딩해 볼 거예요. 이 책의 다음 책인 2권에서는 세 가지 소리의 블렌딩도 연습하니 기대해 주세요!

한국 어린이들도 쉽게 따라하도록 학습 설계가 되어 있어요!

이 책에는 알파벳 소리를 최대한 한국어로 표현하려고 노력했습니다. 하지만 일부 한계가 있을 수밖에 없습니다. 실제 원어민의 말을 들으며 배워 보세요. 정확한 소리는 선생님의 유튜브 강의를 들으면서 보완할 수 있습니다. 또 동영상 강의에서 문장을 읽어 줄 때도 처음에는 단어 단위로, 두 번째는 전체 문장을 한 번에 읽도록 구성해 한국 어린이들의 읽는 속도를 고려했습니다.

유튜브로 집에서 미국 초등학교 선생님의 강의를 들으며 배워요!

이 책의 목표는 미국에 유학 오지 않아도, 실제 미국 유치원과 초등학교 선생님에게 배우는 것처럼 공부하는 것이에요. 이 책과 유튜브 강의를 보며 제 발음과 동작을 따라 하면 정확한 발음과 소리 교육을 통해 제대로 파닉스를 배울 수 있어요.

자, 이제 별쌤과 함께 즐겁게 파닉스 공부를 시작해 볼까요?

"Let's get started!"

별쌤 Stephanie Yim

동영상 강의와 함께 이 책을 공부하는 방법

▶️ 이 책은 동영상 속 선생님의 수업을 들으면서 문제를 풀도록 구성했습니다.
QR코드를 찍는 순간, 뉴욕의 파닉스 수업이 시작됩니다!

📱 준비 단계 | 알파벳 글자, 소리 알기

동영상 강의와 함께 배워요!

QR코드를 찍어 동영상 강의를 재생하세요. 별쌤의 원어민 발음을 들으면서 알파벳 소릿값을 먼저 익히세요!

✏️ A 단계 | 대·소문자 쓰기

알파벳 쓰는 방법부터 알려 주네요!

알파벳 대문자는 쉽게 쓰지만 소문자는 쓰기 어려워하는 경우가 많아요. 별쌤이 알려주는 순서대로 알파벳을 따라 써 보세요.

A Say and Write 알파벳을 읽으면서 대문자와 소문자를 정확하게 써 보세요.

소리는 이렇게
Aa(에이)는 우리말 [아]와 [에] 중간 소리가 나요. 예쁜 보조개가 보이도록 입꼬리를 양옆으로 당기면서 [에]하고 짧게 소리를 내면 돼요.

바쁜 초등학생을 위한 빠른 파닉스

부모님 이렇게 도와주세요!

1. 온라인 강의에 익숙해지도록 도와주세요.
   온라인 강의는 집중하기 어려울 수 있어요. 처음 시청할 때는 실제 수업 시간처럼 책상에 바른 자세로 앉아서 공부하는 환경을 만들어 주세요. 또 선생님이 "듣고 따라하세요."라고 할 때는 반드시 큰 소리로 따라하도록 지도해 주세요!

2. '일시 정지' 버튼을 활용해 아이의 학습 속도에 맞추어 공부하세요!
   각 유닛의 동영상 강의는 평균 9~10분입니다. 필요하다면 아이의 학습 속도에 맞추어 '일시 정지' 버튼을 누르고 천천히 진행하셔도 좋습니다.

B Listen and Chant 음성과 챈트를 잘 듣고 따라 말해 보세요.

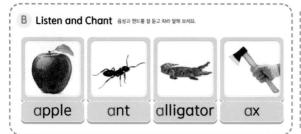

apple　ant　alligator　ax

C Listen and Trace 단어의 첫소리를 잘 듣고 따라 써 보세요.

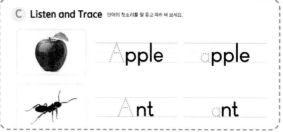

Apple　apple

Ant　ant

오늘의 알파벳 소리로 시작하는 단어를 익혀요!

별쌤이 먼저 단어를 두 번 읽어 줄 거예요. 나머지 두 번은 별쌤의 입모양을 보고 직접 따라 읽으세요!
그리고 단어의 첫소리를 잘 듣고 알파벳 글자로 써 보세요.

영어를 처음 배우는 어린이도 따라 읽을 수 있는 기본 문형!

일상생활에서 영어를 자주 사용하지 않는 한국의 어린이들을 배려해 가장 기본적인 문장을 선정했어요. 회화에도 도움이 되는 기본 문장들이니 꼭 외워 두세요!

D Listen and Repeat 문장을 잘 듣고 따라 읽어 보세요.

I see the apple.

I see the ant.

I see the alligator.

> **별쌤의 한마디!**
> 미국에서는 동화 속 그림을 보면서 토론 수업을 해요. 선생님이 "What do you see?"(무엇이 보이나요?)라고 물을 때 "I see the ant."와 같이 "I see ~." 문장 패턴을 활용해 대답할 수 있어요.

해석 나는 사과가 보여요. / 나는 개미가 보여요. / 나는 악어가 보여요.

뉴욕의 파닉스 훈련의 핵심 적용! – 블렌딩 연습

두 가지의 소리를 붙여 읽는 블렌딩 연습을 해요. 별쌤과 함께 읽다 보면 영어 읽기 자신감이 쑥쑥 커질 거예요!

별쌤과 함께 블렌딩 연습

알파벳은 각각 고유한 소리를 가지고 있어요. 알파벳 Aa의 이름은 '에이'이고, [애]는 소릿값이지요. 여러 가지 알파벳 소리들을 붙여서 읽는 것을 '블렌딩'이라고 합니다.
개미를 예로 들어 볼까요? 개미는 영어로 ant[앤트]입니다. 이 ant[앤트]는 [애][ㄴ][ㅌ]라는 세 가지 소리를 가지고 있지요. 이 세 가지 소리를 붙여 읽으면 [앤트]가 됩니다. 이제 별쌤을 따라 즐겁게 블렌딩 연습을 해 볼까요?

a　n　t
[애]　[ㄴ]　[ㅌ]

Contents

바쁜 초등학생을 위한 빠른 파닉스 - ❶ 알파벳 소릿값

'바쁜 초등학생을 위한 빠른 파닉스' 책의 구성

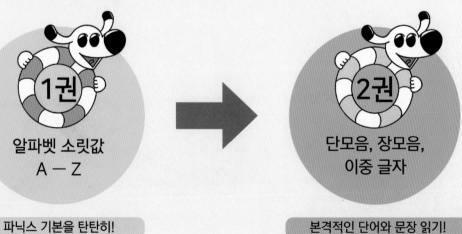

1권

알파벳 소릿값
A — Z

파닉스 기본을 탄탄히!

Vowels	Consonants
모음	자음
5개 소리	21개 소리

2권

단모음, 장모음,
이중 글자

본격적인 단어와 문장 읽기!

Short Vowels	Long Vowels	Consonant Blends & Digraphs	Diphthongs & R-controlled Vowels
단모음	장모음	연속자음과 이중자음	이중모음과 R 통제모음
28개 패턴	20개 패턴	21개 패턴	13개 패턴

Aa는 apple처럼 [애] 소리가 나요

[애]

Aa 강의 보기

A Say and Write 알파벳을 읽으면서 대문자와 소문자를 정확하게 써 보세요.

소리는 이렇게

Aa(에이)는 우리말 [애]와 소리가 비슷해요. 예쁜 보조개가 보이도록 입꼬리를 양옆으로 당기면서 [애]하고 짧게 소리를 내면 돼요.

B Listen and Chant 음성과 챈트를 잘 듣고 따라 말해 보세요.

apple

ant

alligator

ax

오늘의 단어 apple 사과 ant 개미 alligator 악어 ax 도끼

10

C Listen and Trace 단어의 첫소리를 잘 듣고 따라 써 보세요.

Apple   apple

Ant   ant

Alligator   alligator

Ax   ax

D Listen and Repeat 문장을 잘 듣고 따라 읽어 보세요.

I see the apple.

I see the ant.

I see the alligator.

*영상에서는 단어의 개별 발음을 들려주기 위해 모음 소리 앞의 the를 [더]로 발음했어요.
 모음 소리 앞의 the 발음은 실제 미국에서도 [디]와 [더]를 크게 구분하지 않고 사용해요.

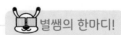 별쌤의 한마디!

미국에서는 동화 속 그림을 보면서 토론 수업을 해요. 선생님이 "What do you see?"(무엇이 보이나요?)라고 물을 때, 아이들은 "I see the ant."와 같이 "I see ~." 문장 패턴을 활용해 대답할 수 있어요.

해석 나는 사과가 보여요. / 나는 개미가 보여요. / 나는 악어가 보여요.

Read and Match 단어를 읽고 일치하는 그림을 선으로 이어 보세요.

1 alligator ·

2 apple ·

3 ax ·

4 ant ·

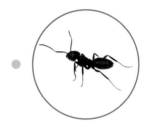

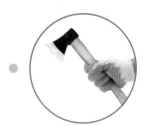

별쌤과 함께 블렌딩 연습

영어 알파벳은 각각 고유한 이름과 소리를 가지고 있어요. 알파벳 Aa의 이름은 '에이'이고, [애]는 소릿값이지요. 알파벳 소리들을 붙여서 읽는 것을 '블렌딩'이라고 합니다. 개미를 예로 들어 볼까요? 개미는 영어로 ant[앤트]입니다. 이 ant[앤트]는 [애][ㄴ][ㅌ] 라는 세 가지 소리를 가지고 있지요. 이 세 가지 소리를 붙여 읽으면 [앤트]가 됩니다. 이제 별쌤을 따라 즐겁게 블렌딩 연습을 해 볼까요?

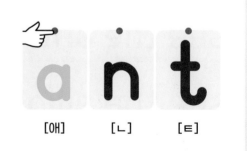

Bb 강의 보기

A Say and Write 알파벳을 읽으면서 대문자와 소문자를 정확하게 써 보세요.

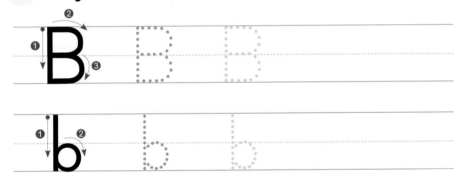

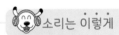

소리는 이렇게

Bb(비)는 우리말 [ㅂ]와 소리가 아주 비슷해요. 윗입술과 아랫입술을 밖으로 밀어내면서 '브' 소리를 내 봐요.

B Listen and Chant 음성과 챈트를 잘 듣고 따라 말해 보세요.

| ball | bus | bear | blue |

오늘의 단어 ball 공 bus 버스 bear 곰 blue 파란(색)

13

C Listen and Trace 단어의 첫소리를 잘 듣고 따라 써 보세요.

Ball   ball

Bus   bus

Bear   bear

Blue   blue

D Listen and Repeat 문장을 잘 듣고 따라 읽어 보세요.

That is a ball.

That is a bear.

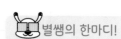 별쌤의 한마디!

"That is ~."는 "저것은 ~이
에요."라는 뜻이에요. 일상
생활에서 공이나 버스를 손
으로 가리키면서 연습해 보
세요.

That is a bus.

해석 저것은 공이에요. / 저것은 곰이에요. / 저것은 버스예요.

Find and Circle 그림과 일치하는 단어를 알파벳 퍼즐에서 모두 찾아 ◯표 해 보세요.

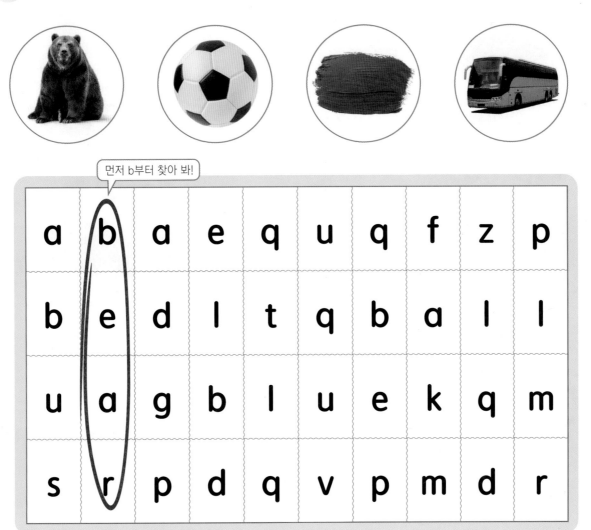

먼저 b부터 찾아 봐!

a	b	a	e	q	u	q	f	z	p
b	e	d	l	t	q	b	a	l	l
u	a	g	b	l	u	e	k	q	m
s	r	p	d	q	v	p	m	d	r

별쌤과 함께 블렌딩 연습

a[애]와 b[ㅂ]를 붙여서 읽어 봐요. 먼저 각각의 알파벳 소리를 낸 다음, 두 소리를 노래하듯이 이어 주세요.

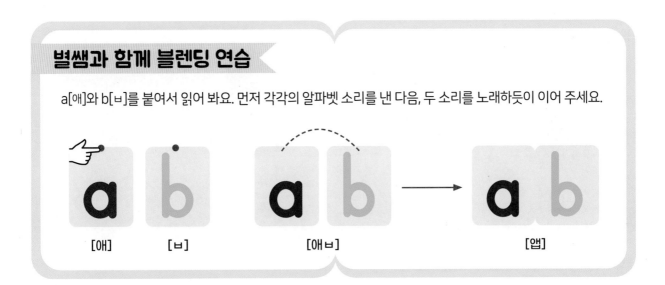

[애]   [ㅂ]   [애ㅂ]   [앱]

[ㅋ]

Cc 강의 보기

A Say and Write 알파벳을 읽으면서 대문자와 소문자를 정확하게 써 보세요.

소리는 이렇게

Cc(씨)는 우리말 [ㅋ]와 소리가 비슷해요. "ㅋㅋㅋ"하고 웃듯이 '크' 소리를 내 주세요.

B Listen and Chant 음성과 챈트를 잘 듣고 따라 말해 보세요.

| cat | car | can | cup |

오늘의 단어 cat 고양이 car 자동차 can 깡통 cup 컵

16

C Listen and Trace 단어의 첫소리를 잘 듣고 따라 써 보세요.

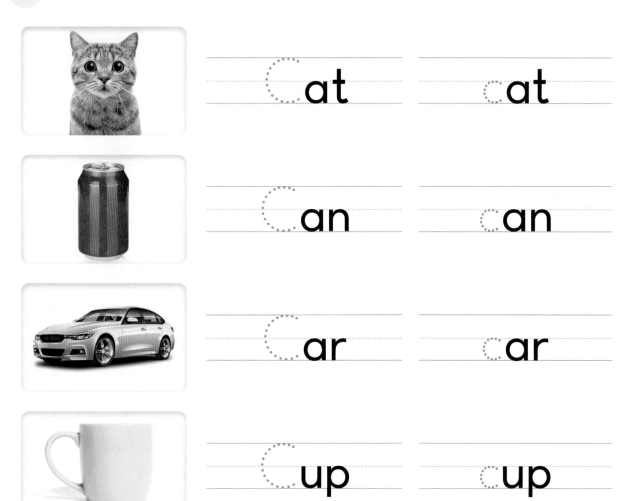

cat   cat

can   can

car   car

cup   cup

D Listen and Repeat 문장을 잘 듣고 따라 읽어 보세요.

I have a cat.

I have a can.

 별쌤의 한마디!

I have a cup.

"I have a ~."는 "나는 ~을 가지고 있다."라는 표현이에요. 이 문장을 읽을 땐 'have'를 강조해서 읽는 것이 좋아요.

해석 나는 고양이를 가지고 있어요. / 나는 깡통을 가지고 있어요. / 나는 컵을 가지고 있어요.

Read and Color 단어를 읽고 Cc 소리로 시작하는 단어의 그림을 찾아 색칠해 보세요.

cat can car cup

별쌤과 함께 블렌딩 연습

a[애]와 c[ㅋ]를 붙여서 읽어 봐요. 먼저 각각의 알파벳 소리를 낸 다음, 두 소리를 노래하듯이 이어 주세요.

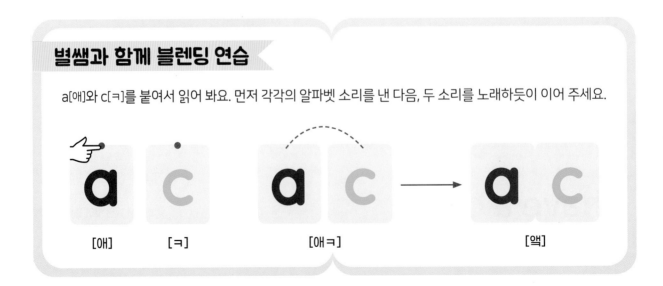

a   c   a c → a c

[애]   [ㅋ]   [애ㅋ]   [액]

[ㄷ]

Dd 강의 보기

A Say and Write 알파벳을 읽으면서 대문자와 소문자를 정확하게 써 보세요.

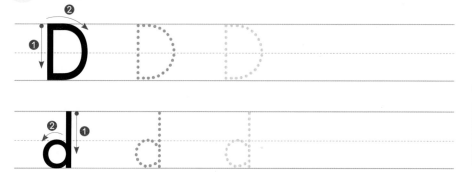

소리는 이렇게

Dd(디)는 우리말 [ㄷ]와 소리가 비슷해요. '드'를 소리 낼 때 혀가 천장에 스치는 게 느껴져야 바르게 소리를 낸 거예요.

B Listen and Chant 음성과 챈트를 잘 듣고 따라 말해 보세요.

| dance | dad | doll | duck |

오늘의 단어 dance 춤추다 dad 아빠 doll 인형 duck 오리

Listen and Trace 단어의 첫소리를 잘 듣고 따라 써 보세요.

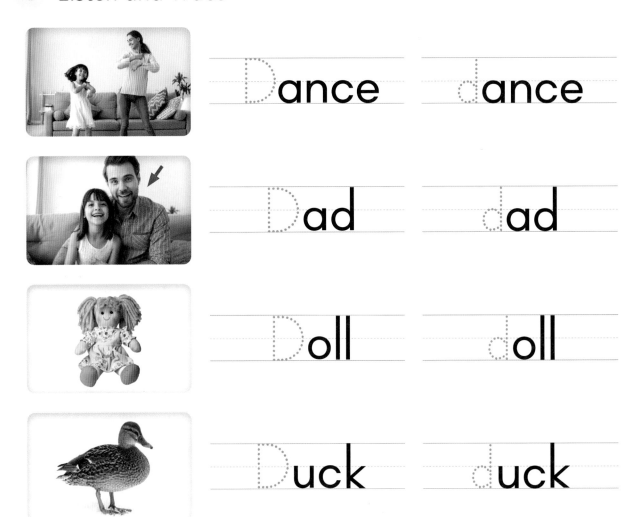

Dance   dance

Dad   dad

Doll   doll

Duck   duck

D   **Listen and Repeat** 문장을 잘 듣고 따라 읽어 보세요.

Let's dance.

Let's dance, dad.

Let's dance, duck.

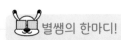 별쌤의 한마디!

"Let's~."는 "~하자"라는 뜻이에요. 아이들이 자주 사용하는 문장이랍니다. "Let's play.", "Let's eat."과 같이 다양하게 활용할 수 있어요.

해석 (같이) 춤추자. / (같이) 춤춰요, 아빠. / (같이) 춤추자, 오리야.

Draw and Write 단어를 그림으로 나타내고 예쁘게 써 보세요.

1 dance

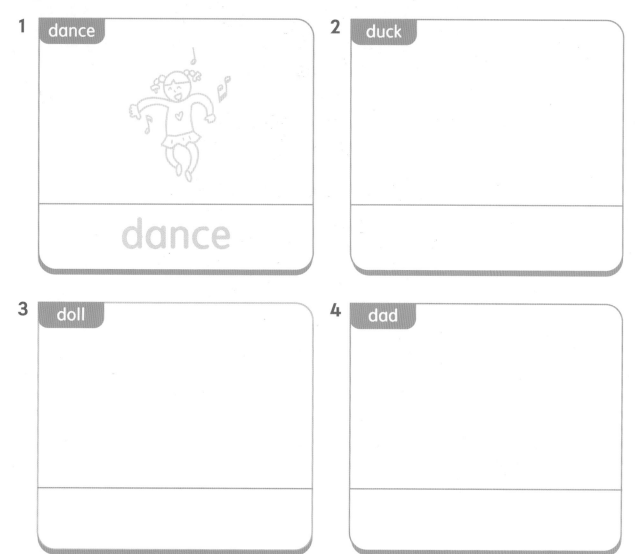

dance

2 duck

3 doll

4 dad

별쌤과 함께 블렌딩 연습

a[애]와 d[ㄷ]를 붙여서 읽어 봐요. 먼저 각각의 알파벳 소리를 낸 다음, 두 소리를 노래하듯이 이어 주세요.

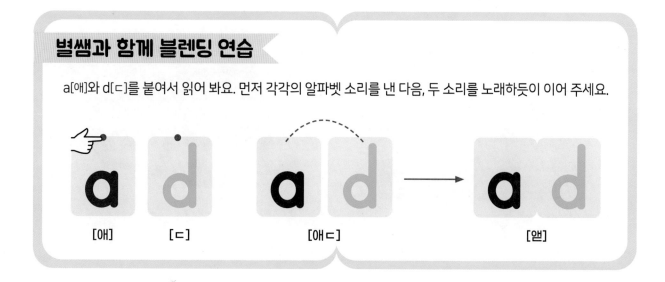

a [애]   d [ㄷ]   a d [애ㄷ]   →   a d [앧]

21

unit 05 — A, B, C, D 모아서 연습해요

unit 05 듣기

A Listen and Write 알파벳 이름을 듣고 대문자와 소문자를 쓰세요.

1 A a

2

3

4

B Listen and Circle 단어를 잘 듣고 첫소리에 ○표 하세요.

1

A | B | C

2

A | B | C

3

B | C | D

4

B | C | D

C Listen and Match
단어를 잘 듣고 일치하는 단어를 선으로 이으세요.

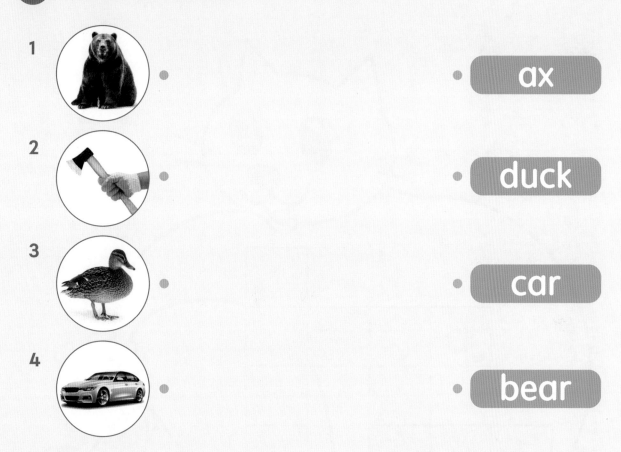

1

2

3

4

ax

duck

car

bear

D Listen and Circle
단어를 잘 듣고 첫소리가 다른 그림에 ○표 하세요.

1

2

Puzzle Time 즐겁게 퍼즐을 맞춰 보세요.

양손 엄지를 위로 올려 b와 d 모양을 만들어 보세요. 왼손은 b, 오른손은 d, b와 d는 이렇게 기억하면 쉬워요.

퍼즐을 맞추고 고양이와 컵은 예쁘게 색칠해 보세요~

가로 열쇠

① ②

세로 열쇠

② ③ ④

unit 06 Ee는 egg처럼 [에] 소리가 나요

Ee

[에]

Ee 강의 보기

A Say and Write 알파벳을 읽으면서 대문자와 소문자를 정확하게 써 보세요.

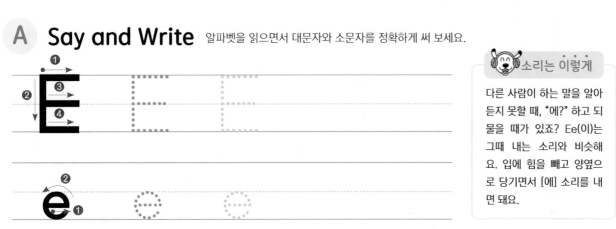

E

e

소리는 이렇게

다른 사람이 하는 말을 알아듣지 못할 때, "에?" 하고 되물을 때가 있죠? Ee(이)는 그때 내는 소리와 비슷해요. 입에 힘을 빼고 양옆으로 당기면서 [에] 소리를 내면 돼요.

B Listen and Chant 음성과 챈트를 잘 듣고 따라 말해 보세요.

egg   elf   elephant   elevator

오늘의 단어 egg 달걀 elf 요정 elephant 코끼리 elevator 엘리베이터

C Listen and Trace 단어의 첫소리를 잘 듣고 따라 써 보세요.

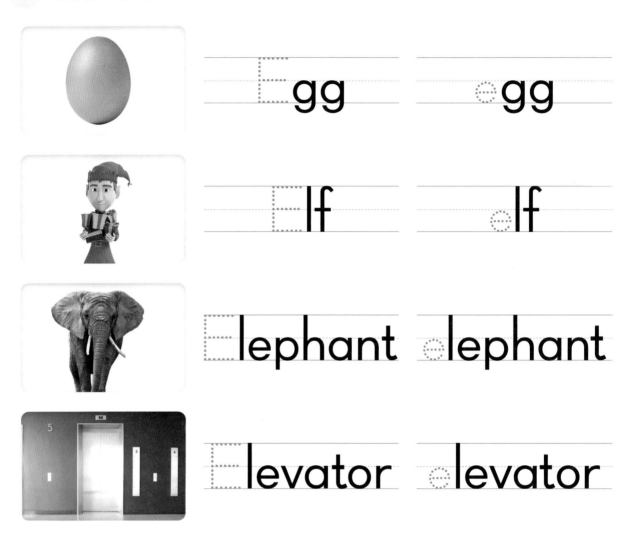

Egg   egg

Elf   elf

Elephant   elephant

Elevator   elevator

D Listen and Repeat 문장을 잘 듣고 따라 읽어 보세요.

Is that an egg?

Is that an elephant?

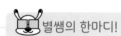 별쌤의 한마디!

"Is that ~?"은 "저것은 ~ 예요?"라는 뜻이에요. 질문을 할 때는 문장 끝 단어의 음을 올려서 말해 주세요.

Is that an elevator?

해석 저것은 달걀이에요? / 저것은 코끼리예요? / 저것은 엘리베이터예요?

Read and Match 단어를 읽고 일치하는 그림을 선으로 이어 보세요.

1  egg •   •

2  elf •   •

3  elevator •   •

4 elephant •   •

별쌤과 함께 모음 소리 연습

모음 e 소리를 연습해 봐요. 모음 소리를 더 연습하는 이유는 미국 초등학교에서 자주 사용하는 CVC 단어와 연관이 있어요. CVC 단어는 「자음+모음+자음」 배열로 이루어진 단어예요. 예를 들면 bed, cat 등이 있어요. CVC 단어에서 자음 사이에 있는 모음이 소리를 이어 주는 역할을 해요. 모음 소리를 잘 익혀야 단어를 제대로 읽을 수 있어요.

[에]

[에]

[에]

Ff는 fan처럼 [ㅍ] 소리가 나요

[ㅍ]

Ff 강의 보기

A Say and Write 알파벳을 읽으면서 대문자와 소문자를 정확하게 써 보세요.

F

f

소리는 이렇게

Ff(에프)는 우리말 [ㅍ]와 소리가 비슷해요. 토끼 이빨을 흉내 내듯이 윗니를 아랫입술에 살짝 대면서 '프' 소리를 내 주세요.

B Listen and Chant 음성과 챈트를 잘 듣고 따라 말해 보세요.

fan   fish   frog   four

오늘의 단어 fan 선풍기 fish 물고기 frog 개구리 four 4, 넷

C Listen and Trace 단어의 첫소리를 잘 듣고 따라 써 보세요.

Fan   fan

Fish   fish

Frog   frog

Four   four

D Listen and Repeat 문장을 잘 듣고 따라 읽어 보세요.

I love the fan.

I love the fish.

I love the frog.

별쌤의 한마디!

"I love ~."는 "나는 ~을 사랑해요(엄청 좋아해요)."라는 뜻이에요. 미국에서는 일상생활에서 자주 쓰는 표현이랍니다.

해석 나는 선풍기를 엄청 좋아해요. / 나는 물고기를 엄청 좋아해요. / 나는 개구리를 엄청 좋아해요.

Look and Circle 그림과 일치하는 단어에 O표 해 보세요.

1

bear	four

fan	can

2

3

frog	duck

fish	ax

4

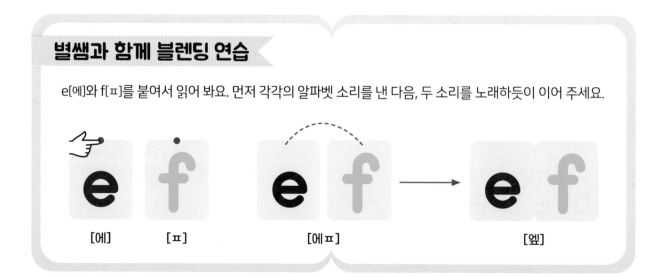

별쌤과 함께 블렌딩 연습

e[에]와 f[ㅍ]를 붙여서 읽어 봐요. 먼저 각각의 알파벳 소리를 낸 다음, 두 소리를 노래하듯이 이어 주세요.

e   f   e   f   →   e   f

[에]   [ㅍ]   [에ㅍ]   [엪]

unit 08 Gg는 go처럼 [ㄱ] 소리가 나요

[ㄱ]

Gg 강의 보기

A Say and Write
알파벳을 읽으면서 대문자와 소문자를 정확하게 써 보세요.

G G G

g g g

소리는 이렇게

Gg(쥐)는 우리말 [ㄱ]와 소리가 비슷해요. '그'하고 소리를 낼 때 목에 손을 대고 울림이 느껴지는지 확인해 보세요.

B Listen and Chant
음성과 챈트를 잘 듣고 따라 말해 보세요.

go

girl

goat

goose

오늘의 단어 go 가다 girl 소녀 goat 염소 goose 거위

Go   go

Girl   girl

Goat   goat

Goose   goose

D **Listen and Repeat** 문장을 잘 듣고 따라 읽어 보세요.

Let's go!

Let's go, girl!

Let's go, goat!

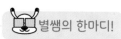 별쌤의 한마디!

"Let's go!"는 "가자."라는 뜻
이에요. 출발하기 전에 "Let's
go!"를 외치고 떠나는 거예요.

해석 가자! / 가자, (여자)아이야! / 가자, 염소야!

32

Find and Circle 그림과 일치하는 단어를 알파벳 퍼즐에서 모두 찾아 ○표 해 보세요.

a	h	g	i	e	j	b	s	g	o
q	o	i	t	g	o	o	s	e	m
f	n	r	g	u	k	x	z	l	c
d	w	l	v	p	g	o	a	t	r

별쌤과 함께 블렌딩 연습

e[에]와 g[ㄱ]를 붙여서 읽어 봐요. 먼저 각각의 알파벳 소리를 낸 다음, 두 소리를 노래하듯이 이어 주세요.

[에] [ㄱ]   [에ㄱ]   [엑]

Hh는 hat처럼 [ㅎ] 소리가 나요

[ㅎ]

Hh 강의 보기

A Say and Write
알파벳을 읽으면서 대문자와 소문자를 정확하게 써 보세요.

😊 소리는 이렇게

Hh(에이취)는 우리말 [ㅎ]와 소리가 아주 비슷해요. 손바닥을 입 가까이 대고 바람을 느끼면서 '흐' 소리 내는 연습을 해 보세요.

B Listen and Chant
음성과 챈트를 잘 듣고 따라 말해 보세요.

| hat | hen | horse | hot |

오늘의 단어 hat 모자 hen 암탉 horse 말 hot 더운

C Listen and Trace 단어의 첫소리를 잘 듣고 따라 써 보세요.

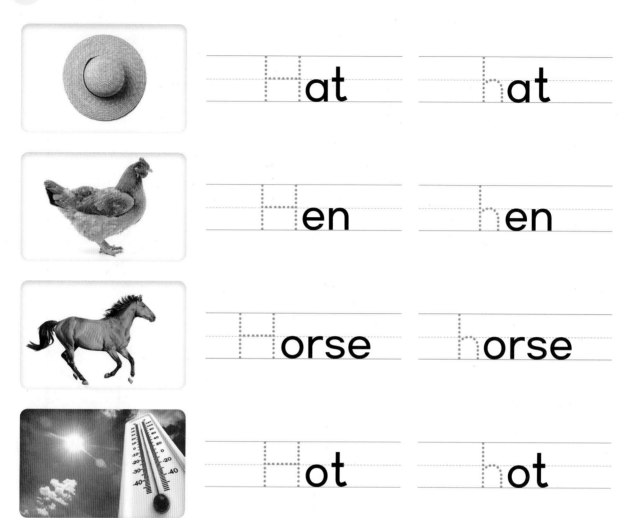

Hat   hat

Hen   hen

Horse   horse

Hot   hot

D Listen and Repeat 문장을 잘 듣고 따라 읽어 보세요.

I have a hat.

I have a hen.

I have a horse.

해석 나는 모자를 가지고 있어요. / 나는 암탉을 가지고 있어요. / 나는 말을 가지고 있어요.

Read and Color 단어를 읽고 Hh 소리로 시작하는 단어의 그림을 찾아 색칠해 보세요.

| hot | hen | hat | horse |

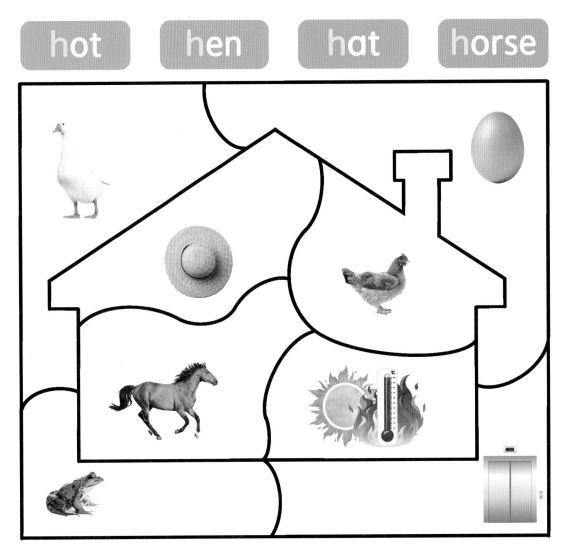

별쌤과 함께 블렌딩 연습

h[ㅎ]와 e[에]를 붙여서 읽어 봐요. 먼저 각각의 알파벳 소리를 낸 다음, 두 소리를 노래하듯이 이어 주세요.

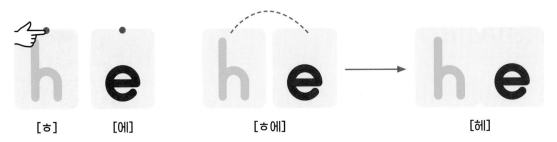

* '그'를 뜻하는 'he'와 읽는 방법이 달라요. 이때 he는 읽는 방법이 파닉스 규칙에서 벗어난 단어예요.

E, F, G, H 모아서 연습해요

A **Listen and Write** 알파벳 이름을 듣고 대문자와 소문자를 쓰세요.

1 _____

2 _____

3 _____

4 _____

B **Listen and Circle** 단어를 잘 듣고 첫소리에 ○표 하세요.

1

| F | G | H |

2

| E | F | G |

3

| F | G | H |

4

| E | F | G |

1 · · frog

2 · · egg

3 · · goat

4 · · hen

D **Listen and Circle** 단어를 잘 듣고 첫소리가 다른 그림에 ○표 하세요.

1

2

Write and Match

단어의 첫소리를 쓰고, 첫소리가 일치하는 집을 찾아 선으로 이으세요.

1

⬜o

2

⬜irl

3

⬜an

4

⬜gg

5

⬜ot

우리집은 첫소리가 같은 단어가 2개 있어요!

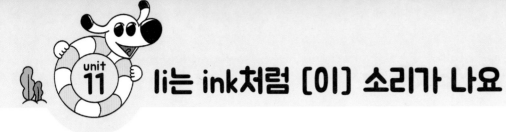

I i

ink

[이]

Ii 강의 보기

A Say and Write
알파벳을 읽으면서 대문자와 소문자를 정확하게 써 보세요.

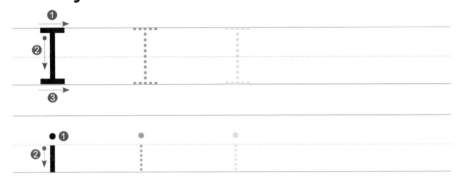

소리는 이렇게

Ii(아이)는 입을 조금 벌리고 [이] 로 발음해요. 이때 입에 힘을 쭉 빼야 해요. 그리고 앞에서 배운 e[에] 소리와 헷갈리지 말아요.

B Listen and Chant
음성과 챈트를 잘 듣고 따라 말해 보세요.

| ink | igloo | iguana | in |

오늘의 단어 ink 잉크 igloo 이글루 iguana 이구아나(대형 도마뱀) in ~안에

C Listen and Trace 단어의 첫소리를 잘 듣고 따라 써 보세요.

Ink   ink

Igloo   igloo

Iguana   iguana

In   in

D Listen and Repeat 문장을 잘 듣고 따라 읽어 보세요.

Where is the ink?

Where is the igloo?

별쌤의 한마디!

"Where is ~?"는 "~은 어디에 있나요?"라는 뜻이에요. 물건이나 장소의 위치를 물을 때 써요.

Where is the iguana?

해석   잉크는 어디에 있나요? / 이글루는 어디에 있나요? / 이구아나는 어디에 있나요?

Read and Match

단어를 읽고 일치하는 그림을 선으로 이어 보세요.

1 **ink** •

•

2 **igloo** •

•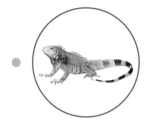

3 **iguana** •

•

4 **in** •

•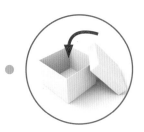

별쌤과 함께 모음 소리 연습

i 소리를 연습해 봐요. 모음 소리는 '별쌤과 함께 블렌딩 연습'을 할 때마다 나오므로 완벽해질 때까지 반복해야 해요. 동영상을 보면서 연습하세요.

i

[이]

i

[이]

i

[이]

unit 12 J j는 jacket처럼 [져] 소리가 나요

[져]

Jj 강의 보기

A Say and Write 알파벳을 읽으면서 대문자와 소문자를 정확하게 써 보세요.

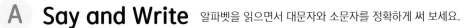

J

j

소리는 이렇게

Jj(제이)는 우리말 [져]와 소리가 아주 비슷해요. 먼저 입을 살짝 오므려서 '져'하고 소리를 내 보세요. 혀끝이 윗니 뒷면을 스치는 것이 느껴질 거예요.

B Listen and Chant 음성과 챈트를 잘 듣고 따라 말해 보세요.

jacket jet jam jump

오늘의 단어 jacket 재킷 jet 제트기 jam 잼 jump 점프하다

43

C Listen and Trace 단어의 첫소리를 잘 듣고 따라 써 보세요.

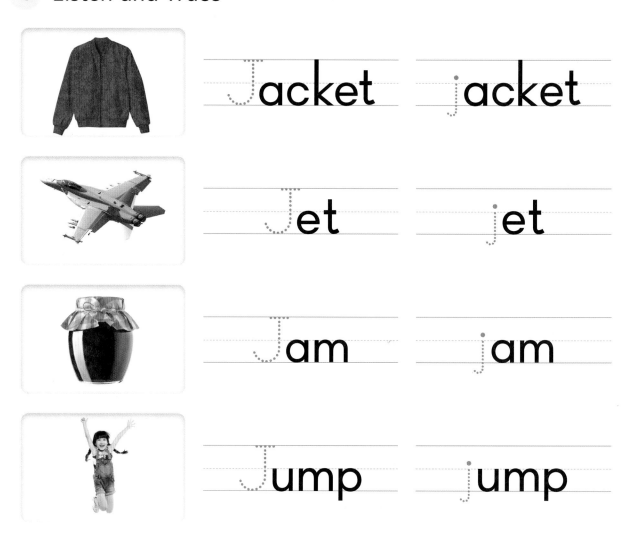

Jacket · jacket

Jet · jet

Jam · jam

Jump · jump

D Listen and Repeat 문장을 잘 듣고 따라 읽어 보세요.

I like my jacket.

I like my jet.

I like my jam.

 별쌤의 한마디!

자주 쓰는 표현 중에 "What do you like?(무엇을 좋아 하나요?)"가 있어요. 이때 "I like my ~."와 같은 문장 패턴을 활용해 "I like my jam." 처럼 대답할 수 있어요.

해석 난 내 재킷이 좋아요. / 난 내 제트기가 좋아요. / 난 내 잼이 좋아요.

Draw and Write 단어를 그림으로 나타내고 예쁘게 써 보세요.

1 jacket

jacket

2 jam

3 jet

4 jump

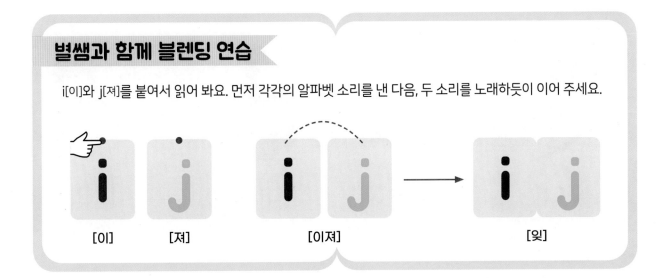
45

Kk는 kick처럼 [ㅋ] 소리가 나요

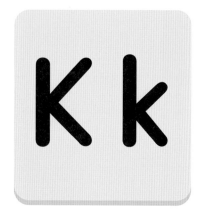

[ㅋ]

Kk 강의 보기

A Say and Write 알파벳을 읽으면서 대문자와 소문자를 정확하게 써 보세요.

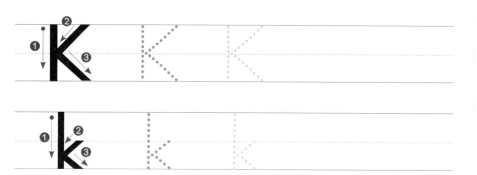

🎧 소리는 이렇게

Kk(케이) 소리는 앞에서 배운 Cc 소리와 비슷해요. Cc 소리를 낼 때처럼 "ㅋㅋㅋ" 하고 웃어 보세요. 입을 거의 벌리지 않은 상태에서 '크' 소리를 내야 한다는 점에 유의하세요.

B Listen and Chant 음성과 챈트를 잘 듣고 따라 말해 보세요.

kick

kid

king

kite

오늘의 단어   kick (발로) 차다 kid 아이 king 왕 kite 연

C Listen and Trace 단어의 첫소리를 잘 듣고 따라 써 보세요.

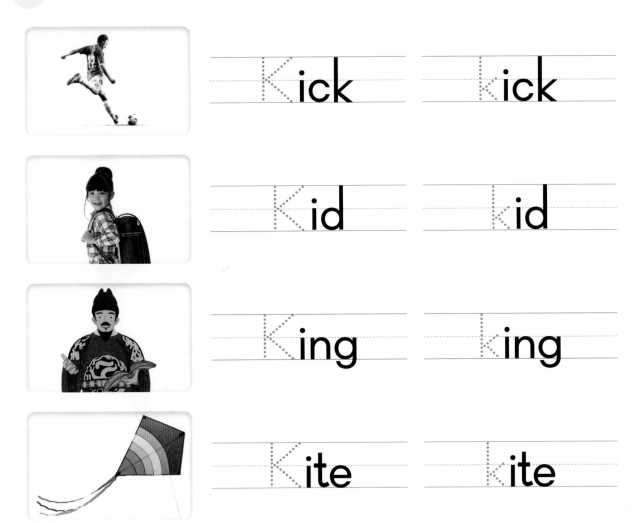

Kick   kick

Kid   kid

King   king

Kite   kite

D Listen and Repeat 문장을 잘 듣고 따라 읽어 보세요.

Let's kick.

Let's kick, kid.

Let's kick, king.

kid
king

해석 (발로) 차자. / (발로) 차자, 아이야. / (발로) 차세요, 임금님.

Look and Circle 그림과 일치하는 단어에 O표 해 보세요.

1

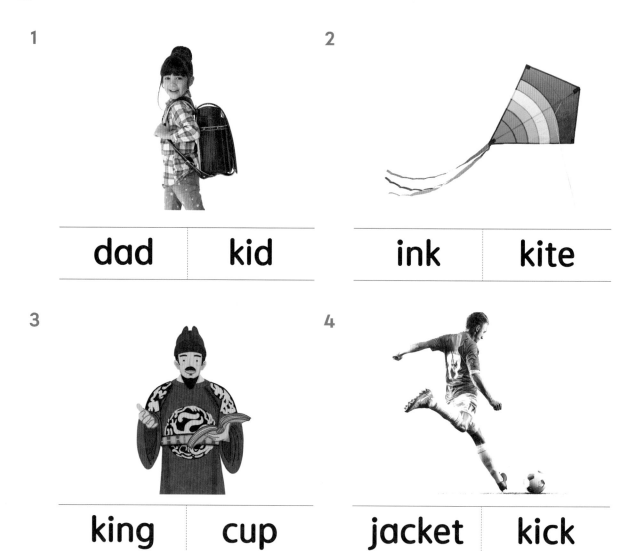

| dad | kid |

2

| ink | kite |

3

| king | cup |

4

| jacket | kick |

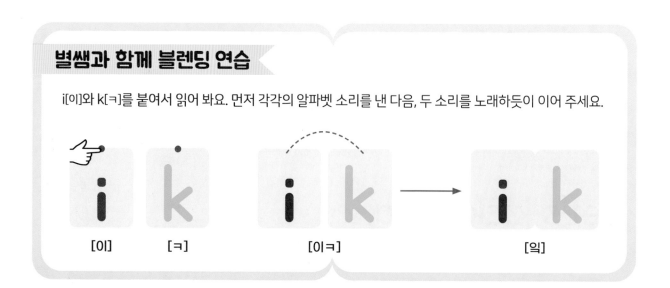

별쌤과 함께 블렌딩 연습

i[이]와 k[ㅋ]를 붙여서 읽어 봐요. 먼저 각각의 알파벳 소리를 낸 다음, 두 소리를 노래하듯이 이어 주세요.

i   k

[이]   [ㅋ]

i k

[이ㅋ]

→

i k

[익]

Ll은 lion처럼 [(을)ㄹ] 소리가 나요

[(을) ㄹ]

Ll 강의 보기

A Say and Write
알파벳을 읽으면서 대문자와 소문자를 정확하게 써 보세요.

소리는 이렇게

Ll(엘)은 우리말 [ㄹ]와 소리가 비슷해요. Ll로 시작하는 단어를 읽을 땐 혀를 윗니 뒤에 대고 '을~'하고 준비한 다음 'ㄹ'로 읽어요.

B Listen and Chant
음성과 챈트를 잘 듣고 따라 말해 보세요.

lion lollipop lemon left

오늘의 단어 lion 사자 lollipop 막대사탕 lemon 레몬 left 왼쪽

C Listen and Trace 단어의 첫소리를 잘 듣고 따라 써 보세요.

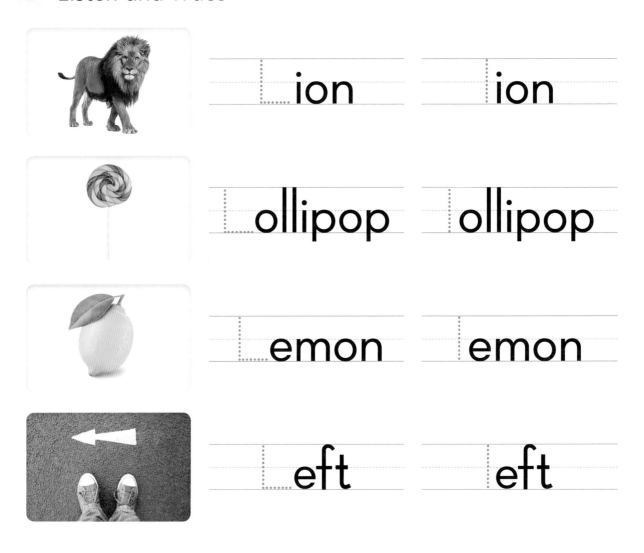

Lion   Lion

Lollipop   Lollipop

Lemon   Lemon

Left   Left

D Listen and Repeat 문장을 잘 듣고 따라 읽어 보세요.

Where is the lion?

Where is the lollipop?

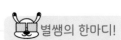 별쌤의 한마디!

질문할 때는 문장 속 마지막 단어의 음을 올려 주세요. 미국 초등학교에서도 아이들에게 강조하는 내용이에요.

Where is the lemon?

해석 사자가 어디에 있나요? / 막대사탕이 어디에 있나요? / 레몬이 어디에 있나요?

Find and Circle 그림과 일치하는 단어를 알파벳 퍼즐에서 모두 찾아 ○표 해 보세요.

g	a	l	o	l	l	i	p	o	p
h	v	i	b	e	e	s	q	h	g
d	e	o	w	f	e	m	o	n	h
q	l	n	t	t	l	e	m	o	n

별쌤과 함께 블렌딩 연습

i[이]와 l[(을)ㄹ]를 붙여서 읽어 봐요. 먼저 각각의 알파벳 소리를 낸 다음, 두 소리를 노래하듯이 이어 주세요.

  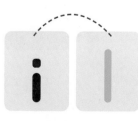 →

[이]　　[(을)ㄹ]　　　　[이(을)ㄹ]　　　　　　　[일]

Mm은 mouth처럼 [(음)ㅁ] 소리가 나요

[(음) ㅁ]

Mm 강의 보기

A Say and Write 알파벳을 읽으면서 대문자와 소문자를 정확하게 써 보세요.

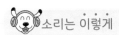

소리는 이렇게

Mm(엠)은 우리말 [ㅁ]와 소리가 비슷해요. Mm으로 시작하는 단어는 '음~'하고 준비한 다음 'ㅁ'로 읽어요.

B Listen and Chant 음성과 챈트를 잘 듣고 따라 말해 보세요.

mouth

milk

moon

mom

오늘의 단어 mouth 입 milk 우유 moon 달 mom 엄마

C Listen and Trace 단어의 첫소리를 잘 듣고 따라 써 보세요.

Mouth   mouth

Milk   milk

Moon   moon

Mom   mom

D Listen and Repeat 문장을 잘 듣고 따라 읽어 보세요.

This is my mouth.

This is my mom.

This is my milk.

 해석 (입을 가리키며) 이것은 내 입이에요. / (엄마를 가리키며) 이분은 내 엄마예요. / (우유를 가리키며) 이것은 내 우유예요.

Read and Color 단어를 읽고 Mm 소리로 시작하는 단어의 그림을 찾아 색칠해 보세요.

milk　mouth　mom　moon

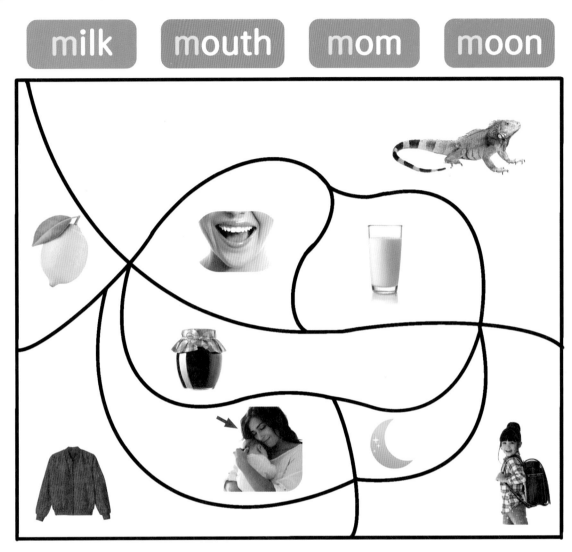

별쌤과 함께 블렌딩 연습

i[이]와 m[(음)ㅁ]를 붙여서 읽어 봐요. 먼저 각각의 알파벳 소리를 낸 다음, 두 소리를 노래하듯이 이어 주세요.

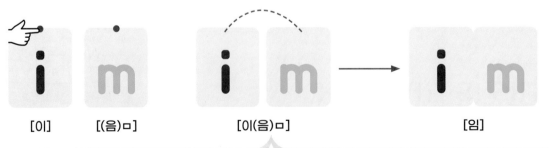

[이]　　[(음)ㅁ]　　　　[이(음)ㅁ]　　　　　　[임]

unit 16 Nn은 nose처럼 [(은)ㄴ] 소리가 나요

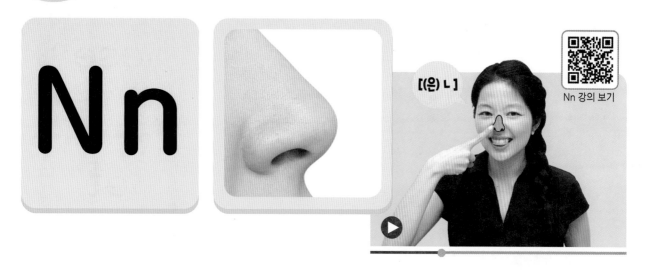

[(은) ㄴ]

Nn 강의 보기

A **Say and Write** 알파벳을 읽으면서 대문자와 소문자를 정확하게 써 보세요.

N   N   N   N   N

n   n   n   n

소리는 이렇게

Nn(엔)은 우리말 [ㄴ]와 소리가 비슷해요. Nn으로 시작하는 단어는 '은~'하고 준비한 다음 'ㄴ' 로 읽어요. 이 소리를 낼 때는 특이하게 코를 찡긋하게 돼요.

B **Listen and Chant** 음성과 챈트를 잘 듣고 따라 말해 보세요.

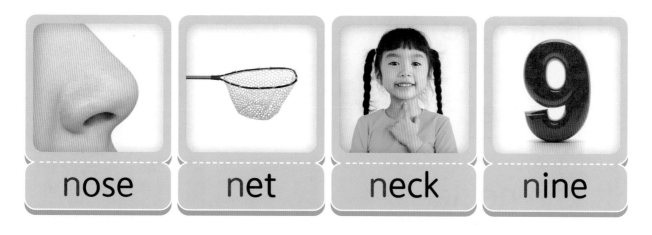

nose   net   neck   nine

오늘의 단어 nose 코 net 그물 neck 목 nine 9, 아홉

55

Listen and Trace 단어의 첫소리를 잘 듣고 따라 써 보세요.

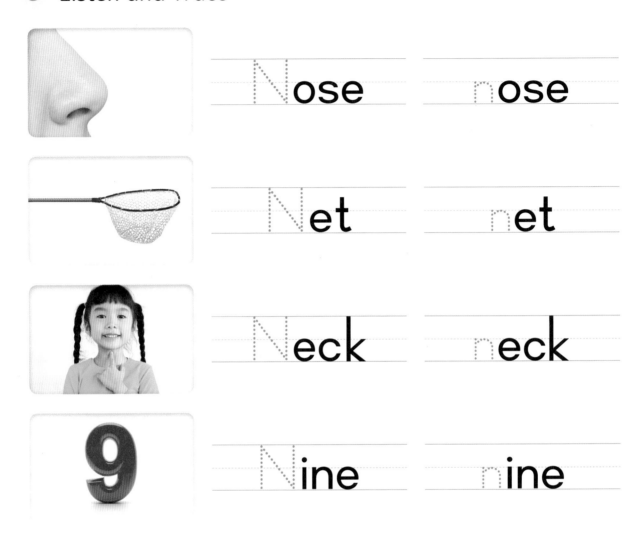

Nose   nose

Net   net

Neck   neck

Nine   nine

D **Listen and Repeat**   문장을 잘 듣고 따라 읽어 보세요.

It is a nose.

It is a net.

It is a neck.

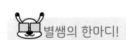별쌤의 한마디!

"It is ~."는 "그것은 ~이
에요"라는 뜻이에요. 매우
자주 쓰는 문장 패턴이죠.
보통 It's(이츠)라고 줄여
서 써요.

해석   그것은 코예요. / 그것은 그물이에요. / 그것은 목이에요.

Draw and Write 단어를 그림으로 나타내고 예쁘게 써 보세요.

1 neck

neck

2 nose

3 net

4 nine

별쌤과 함께 블렌딩 연습

i[이]와 n[(은)ㄴ]를 붙여서 읽어 봐요. 먼저 각각의 알파벳 소리를 낸 다음, 두 소리를 노래하듯이 이어 주세요.

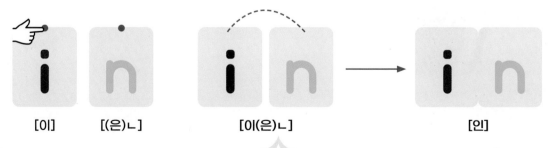

[이]   [(은)ㄴ]   [이(은)ㄴ]   [인]

A Listen and Write 알파벳 이름을 듣고 대문자와 소문자를 쓰세요.

1 _____

2 _____

3 _____

4 _____

B Listen and Circle 단어를 잘 듣고 첫소리에 ○표 하세요.

1

| I | J | K |

2

| L | M | N |

3

| I | J | K |

4

| L | M | N |

C Listen and Match 단어를 잘 듣고 일치하는 단어를 선으로 이으세요.

1  •

2  •

3  •

4  •

• jet

• kite

• igloo

• moon

D Listen and Circle 단어를 잘 듣고 첫소리가 다른 그림에 ○표 하세요.

1

2

Circle and Match

그림과 일치하는 단어를 책 속에서 찾아 ○표 하고 선으로 이으세요.

The king has a lion and an iguana.

Mom has a jacket and nine lollipops.

Oo는 octopus처럼 [아] 소리가 나요

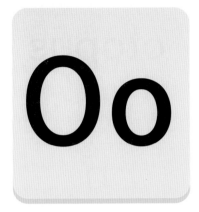

[아]

Oo 강의 보기

A Say and Write
알파벳을 읽으면서 대문자와 소문자를 정확하게 써 보세요.

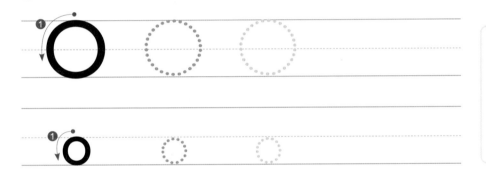

🐶소리는 이렇게

Oo(오)는 알파벳 이름과 같은 소리가 난다고 착각하기 쉽지만 우리말 [아]에 가까운 소리가 나요. 입을 크게 벌리고 소리를 짧게 끊어 '아' 하고 소리 내세요!

B Listen and Chant
음성과 챈트를 잘 듣고 따라 말해 보세요.

octopus

on

otter

orange

오늘의 단어 octopus 문어 on ~위에 otter 수달 orange 오렌지

C Listen and Trace 단어의 첫소리를 잘 듣고 따라 써 보세요.

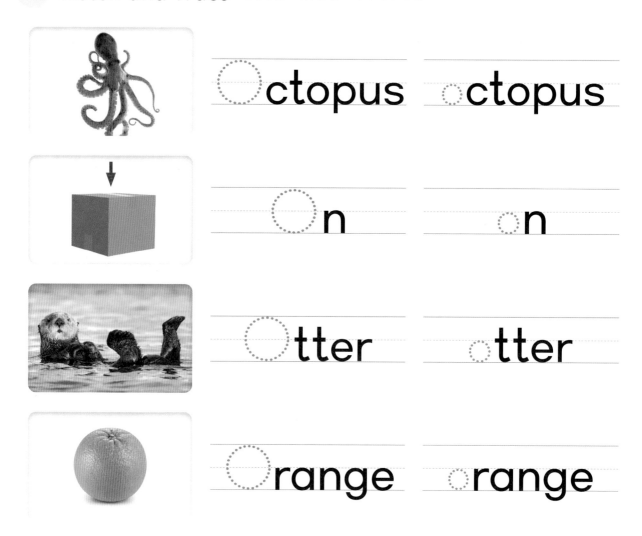

Octopus   Octopus

On   On

Otter   Otter

Orange   Orange

D Listen and Repeat 문장을 잘 듣고 따라 읽어 보세요.

Is that an octopus?

Is that an otter?

Is that an orange?

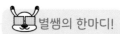 별쌤의 한마디!

octopus 앞에 an을 썼죠? 그 이유는 octopus가 모음 글자(o)로 시작하기 때문이에요. 모음 a, e, i, o, u로 시작하는 단어나 발음이 모음으로 시작하는 단어 앞에는 an을 써 주세요.

해석 저것은 문어예요? / 저것은 수달이에요? / 저것은 오렌지예요?

62

Read and Match 단어를 읽고 일치하는 그림을 선으로 이어 보세요.

1 otter •

2 on •

3 octopus •

4 orange •

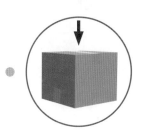

별쌤과 함께 모음 소리 연습

o 소리를 연습해 봐요. o[아]는 입 모양이 둥글게 되지만, a[애]는 턱이 아래로 내려가죠? o와 a 소리의 차이점을 비교해서 연습하면 더욱 좋아요.

[아]

[아]

[아]

Pp는 penguin처럼 [ㅍ] 소리가 나요

[ㅍ]

Pp 강의 보기

A Say and Write 알파벳을 읽으면서 대문자와 소문자를 정확하게 써 보세요.

P P P

p p p

소리는 이렇게

Pp(피)는 우리말 [ㅍ]와 소리가 아주 비슷해요. Bb 소리인 [ㅂ]처럼 입술을 앞으로 내밀면서 '프'하고 소리 내 보세요.

B Listen and Chant 음성과 챈트를 잘 듣고 따라 말해 보세요.

penguin   pin   pig   pet

오늘의 단어 penguin 펭귄 pin 핀 pig 돼지 pet 애완동물

64

C Listen and Trace 단어의 첫소리를 잘 듣고 따라 써 보세요.

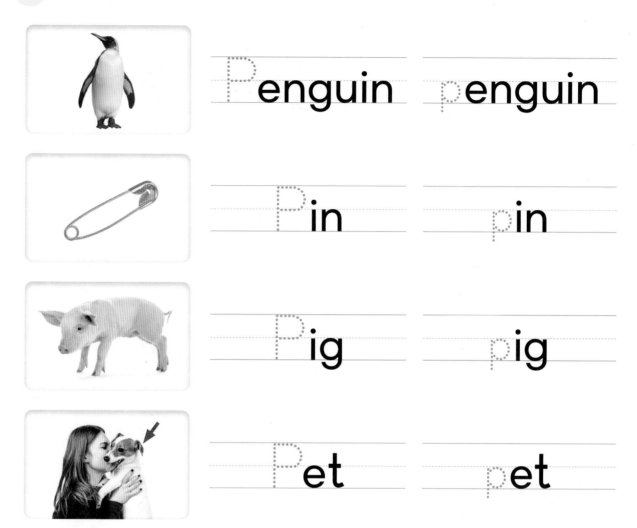

Penguin   penguin

Pin   pin

Pig   pig

Pet   pet

D Listen and Repeat 문장을 잘 듣고 따라 읽어 보세요.

I see my penguin.

I see my pet.

I see my pig.

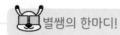 별쌤의 한마디!

앞에서 배운 "I see the apple." 문장을 떠올려 봐요. 이번엔 "I see my ~." 문장 패턴을 활용해 문장을 만들어 볼거예요. 단어 앞에 'my'가 있으니 스스로를 가리키면서 말해 보세요.

해석   나는 내 펭귄(인형)이 보여요. / 나는 내 애완동물이 보여요. / 나는 내 돼지(인형)가 보여요.

Look and Circle 그림과 일치하는 단어에 O표 해 보세요.

1

| duck | pig |

2

| fan | pin |

3

| pet | cat |

4

| penguin | hen |

별쌤과 함께 블렌딩 연습

o[아]와 p[ㅍ]를 붙여서 읽어 봐요. 먼저 각각의 알파벳 소리를 낸 다음, 두 소리를 노래하듯이 이어 주세요.

  →

[아]　　[ㅍ]　　　　[아ㅍ]　　　　　[앞]

Qq는 queen처럼 [ㅋ] 소리가 나요

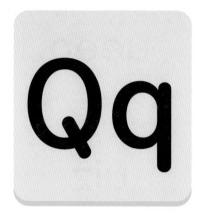

[ㅋ]

Qq 강의 보기

A Say and Write 알파벳을 읽으면서 대문자와 소문자를 정확하게 써 보세요.

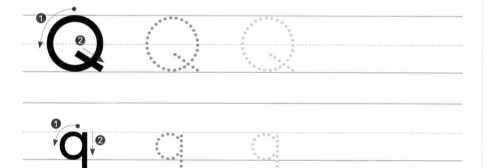

소리는 이렇게

Qq(큐)는 Cc 또는 Kk 소리 처럼 [ㅋ] 소리를 내요. q로 시작하는 단어는 대부분 u 가 바로 뒤이어 나와요. 그래 서 Qq 소리를 연습할 때는 주 로 qu로 시작하는 단어로 연 습해요. 단, queen은 '퀸'이 아니라 '크위은'처럼 늘어놓 듯이 발음해 보세요.

B Listen and Chant 음성과 챈트를 잘 듣고 따라 말해 보세요.

queen

quiz

quilt

quick

오늘의 단어 queen 여왕 quiz 퀴즈 quilt 누비이불, 퀼트 quick 빠른

C Listen and Trace 단어의 첫소리를 잘 듣고 따라 써 보세요.

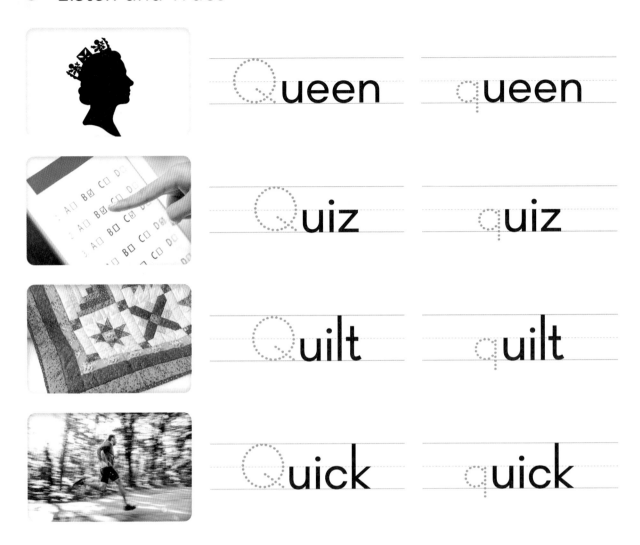

Queen   queen

Quiz   quiz

Quilt   quilt

Quick   quick

D Listen and Repeat 문장을 잘 듣고 따라 읽어 보세요.

Here is the queen.

Here is the quiz.

Here is the quilt.

해석   여기에 여왕이 있어요. / 여기에 퀴즈가 있어요. / 여기에 누비이불이 있어요.

Find and Circle 그림과 일치하는 단어를 알파벳 퍼즐에서 모두 찾아 ○표 해 보세요.

a	q	b	d	q	u	i	l	t	c
e	u	p	l	g	o	h	n	k	i
r	i	f	s	m	q	u	e	e	n
u	z	t	q	u	i	c	k	v	j

별쌤과 함께 블렌딩 연습

q로 시작하는 단어의 대부분은 u가 이어 나와요. qu라는 이중글자인데 소리는 하나인 경우예요. 이 소리 패턴은 나중에 2권에서 제대로 알려줄게요. 이번 시간에는 qu 소리가 [크워] 라는 것만 기억하면 돼요. qu[크워]와 i[이]를 붙여 읽어 보세요!

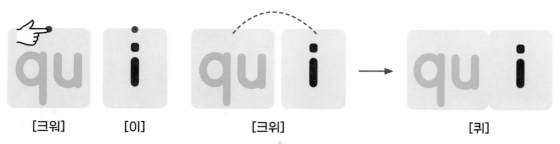

unit 21 Rr은 ring처럼 [뤄] 소리가 나요

[뤄]

Rr 강의 보기

A Say and Write 알파벳을 읽으면서 대문자와 소문자를 정확하게 써 보세요.

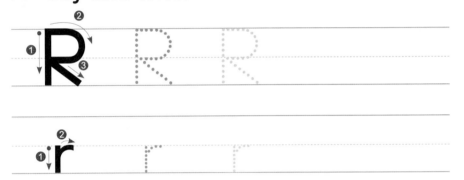

소리는 이렇게

Rr(알)은 소리 내기가 참 어려워요. 우리말에는 없는 소리거든요. 우리말로 표현하자면 '뤄'에 가까운 소리예요. 입술은 내밀고 혀를 입 안으로 동그랗게 말아서 천장에 닿지 않게 소리를 내요.

B Listen and Chant 음성과 챈트를 잘 듣고 따라 말해 보세요.

ring   rat   rabbit   red

오늘의 단어   ring 반지   rat 쥐(mouse보다 꼬리가 김)   rabbit 토끼   red 빨간(색)

70

C Listen and Trace 단어의 첫소리를 잘 듣고 따라 써 보세요.

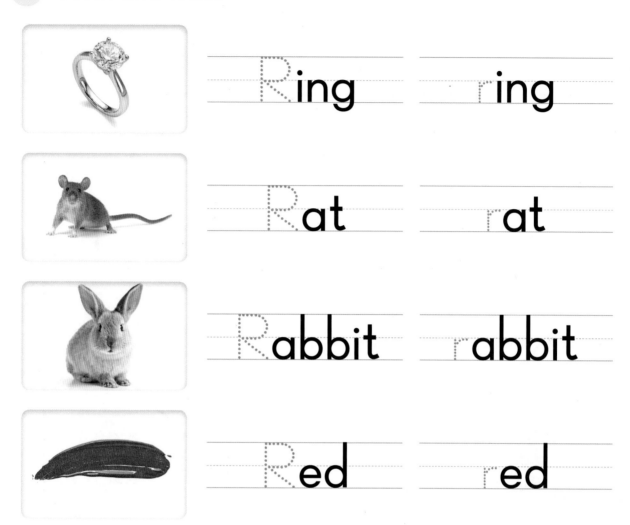

Ring   ring

Rat   rat

Rabbit   rabbit

Red   red

D Listen and Repeat 문장을 잘 듣고 따라 읽어 보세요.

Is that a ring?

Is that a rat?

Is that a rabbit?

해석 저것은 반지예요? / 저것은 쥐예요? / 저것은 토끼예요?

Read and Color 단어를 읽고 Rr 소리로 시작하는 단어의 그림을 찾아 색칠해 보세요.

| ring | rat | rabbit | red |

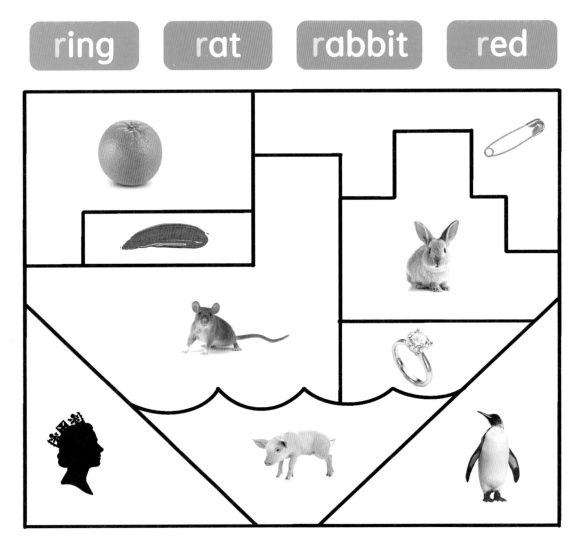

별쌤과 함께 블렌딩 연습

r[뤄]와 o[아]를 붙여서 읽어 보세요. 먼저 각각의 알파벳 소리를 낸 다음, 두 소리를 노래하듯이 이어 주세요.

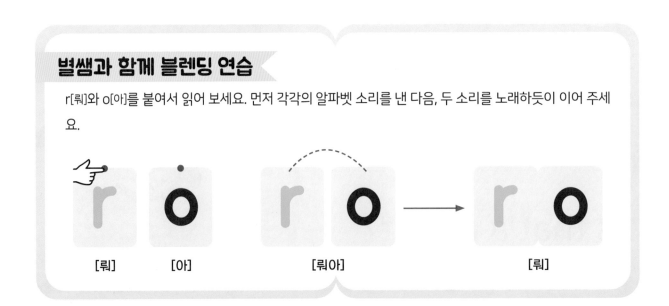

r	o		r o	→	r o
[뤄]	[아]		[뤄아]		[뤄]

Ss는 snake처럼 [ㅅ] 소리가 나요

[ㅅ]

Ss 강의 보기

A Say and Write 알파벳을 읽으면서 대문자와 소문자를 정확하게 써 보세요.

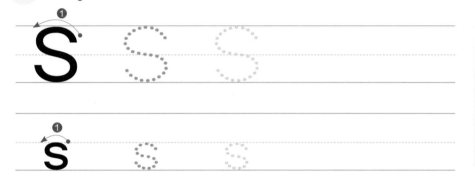

소리는 이렇게

Ss(에스)는 우리말 [ㅅ]와 소리가 비슷해요. 윗니와 아랫니를 닿게 하면서 '스'를 소리 내 보세요. 뱀이 움직이면서 '스~'하고 소리 내는 것을 상상해 봐요.

B Listen and Chant 음성과 챈트를 잘 듣고 따라 말해 보세요.

snake

sun

star

sky

오늘의 단어 snake 뱀 sun 태양 star 별 sky 하늘

C Listen and Trace 단어의 첫소리를 잘 듣고 따라 써 보세요.

Snake   snake

Sun   sun

Star   star

Sky   sky

D Listen and Repeat 문장을 잘 듣고 따라 읽어 보세요.

Look at the snake!

Look at the sun!

Look at the star!

snake

Draw and Write 단어를 그림으로 나타내고 예쁘게 써 보세요.

1 snake

snake

2 star

3 sun

4 sky

Tt는 tooth처럼 [ㅌ] 소리가 나요

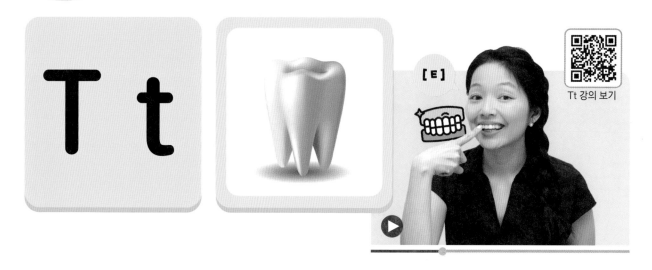

T t

[ㅌ]

Tt 강의 보기

A Say and Write 알파벳을 읽으면서 대문자와 소문자를 정확하게 써 보세요.

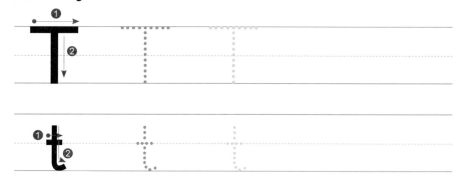

소리는 이렇게

Tt(티)는 우리말 [ㅌ]와 소리가 비슷해요. '트' 소리를 낼 때 혀가 윗니에 닿는지 확인해 보세요.

B Listen and Chant 음성과 챈트를 잘 듣고 따라 말해 보세요.

| tooth | tag | tiger | table |

오늘의 단어 tooth 치아, 이빨 tag 꼬리표(태그) tiger 호랑이 table 탁자

Listen and Trace 단어의 첫소리를 잘 듣고 따라 써 보세요.

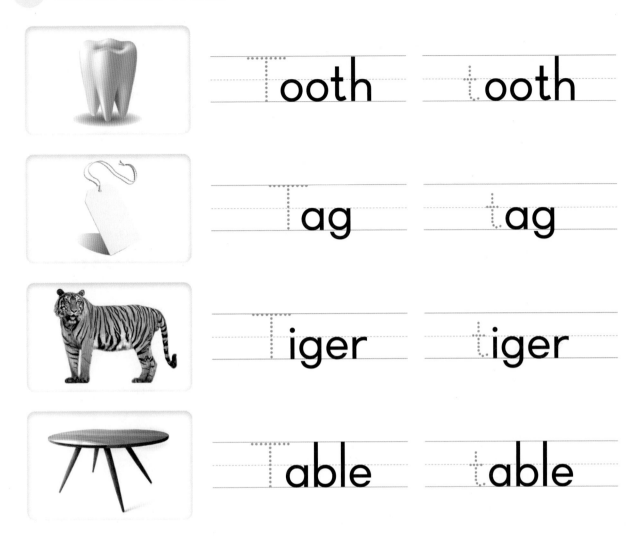

Tooth   tooth

Tag   tag

Tiger   tiger

Table   table

D **Listen and Repeat** 문장을 잘 듣고 따라 읽어 보세요.

It is a tooth.

It is a tag.

It is a tiger.

해석 그것은 치아예요. / 그것은 꼬리표(태그)예요. / 그것은 호랑이예요.

Look and Circle 그림과 일치하는 단어에 O표 해 보세요.

1

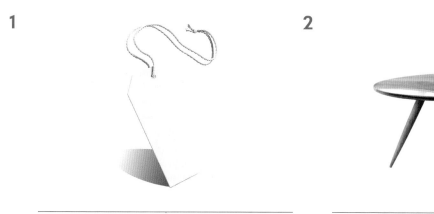

tag	can

2

table	rabbit

3

frog	tiger

4

goose	tooth

별쌤과 함께 블렌딩 연습

o[아]와 t[ㅌ]를 붙여서 읽어 봐요. 먼저 각각의 알파벳 소리를 낸 다음, 두 소리를 노래하듯이 이어 주세요.

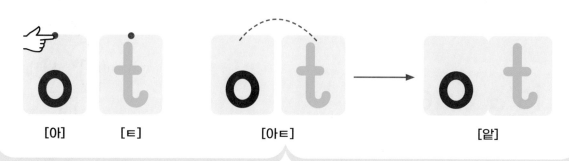

| [아] | [ㅌ] | | [아ㅌ] | | [앝] |

O, P, Q, R, S, T 모아서 연습해요

unit 24 듣기

A Listen and Write 알파벳 이름을 듣고 대문자와 소문자를 쓰세요.

1

2

3

4

B Listen and Circle 단어를 잘 듣고 첫소리에 ○표 하세요.

1

| O | P | Q |

2

| Q | R | S |

3

| R | S | T |

4

| Q | R | S |

C Listen and Match 단어를 잘 듣고 일치하는 단어를 선으로 이으세요.

1

2

3

4

tooth

otter

rat

star

D Listen and Circle 단어를 잘 듣고 첫소리가 다른 그림에 ○표 하세요.

1

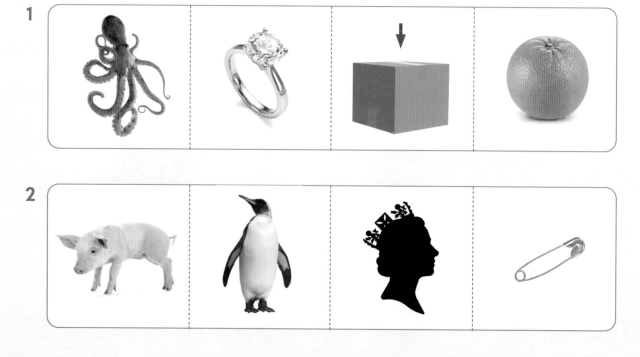

2

Find and Write

그림과 일치하는 단어를 〈보기〉에서 찾아 쓰세요.

tiger   orange   pet   quilt   snake   red

1 | p | | |

2 | | | | | | |

3 | q | | | | |

4 | | | | | |

5 | r | | |

6 | | | | | |

Uu는 umbrella처럼 [어] 소리가 나요

[어]

Uu 강의 보기

A Say and Write 알파벳을 읽으면서 대문자와 소문자를 정확하게 써 보세요.

소리는 이렇게

Uu(유)는 우리말 [어] 소리와 비슷해요. '어~'가 아니라 '어!' 이렇게 짧게 소리를 내야 해요. 또 혀는 U자로 말아야 해요. 혀 모양을 생각하면서 소리 내 주세요.

B Listen and Chant 음성과 챈트를 잘 듣고 따라 말해 보세요.

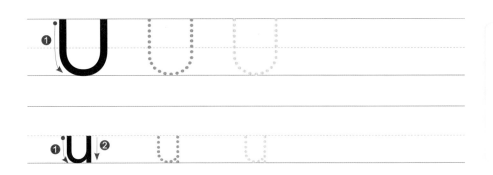

| umbrella | uncle | underwear | up |

오늘의 단어   umbrella 우산   uncle 삼촌, 고모부, 아저씨   underwear 속옷   up 위로

C Listen and Trace 단어의 첫소리를 잘 듣고 따라 써 보세요.

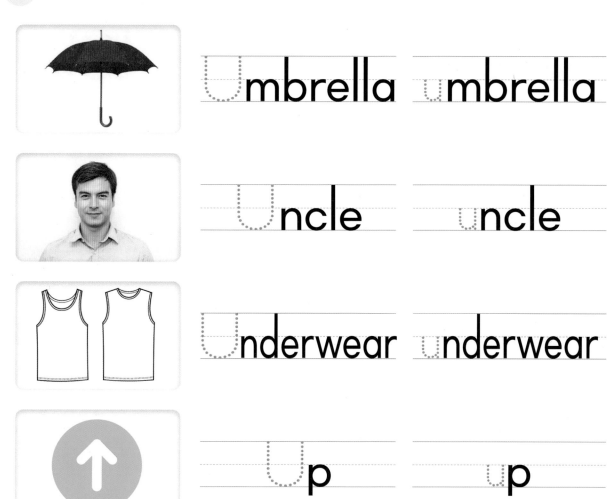

Umbrella   umbrella

Uncle   uncle

Underwear   underwear

Up   up

D Listen and Repeat 문장을 잘 듣고 따라 읽어 보세요.

I like my umbrella.

I like my uncle.

I like my underwear.

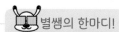 별쌤의 한마디!

어떤 것을 좋아하는지 말하고 싶을 때 "I like my ~."와 같은 문장 패턴을 활용해 보세요. 대부분의 친구들은 자신이 좋아하는 것을 알려 주고 싶어 해요. 이런 문장 패턴을 활용하면 재미있게 영어를 공부할 수 있어요.

해석 나는 내 우산이 좋아요. / 나는 내 삼촌이 좋아요. / 나는 내 속옷이 좋아요.

Read and Match 단어를 읽고 일치하는 그림을 선으로 이어 보세요.

1 umbrella •

2 uncle •

3 underwear •

4 up •

별쌤과 함께 모음 소리 연습

알파벳 순서상 마지막 모음인 u 소리를 연습해 봐요. 블렌딩을 연습할 때마다 나오는 모음 소리는 완벽해질 때까지 연습해야 해요. 동영상을 보면서 반복하세요.

[어]   [어]   [어]

unit 26 Vv는 violin처럼 [ㅂ] 소리가 나요

[ㅂ]

Vv 강의 보기

A Say and Write 알파벳을 읽으면서 대문자와 소문자를 정확하게 써 보세요.

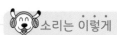

🐶 소리는 이렇게

Vv(브이)는 우리말 [ㅂ]에 가까운 소리가 나요. v는 소리 내기 어려울 수 있어요. v 는 f와 입 모양은 비슷하지만, 소리를 낼 때 목에서 진동이 느껴진다는 점이 달라요.

B Listen and Chant 음성과 챈트를 잘 듣고 따라 말해 보세요.

violin   van   vest   violet

오늘의 단어   violin 바이올린   van 승합차   vest 조끼   violet 보라색

85

C Listen and Trace 단어의 첫소리를 잘 듣고 따라 써 보세요.

Violin   violin

Van   van

Vest   vest

Violet   violet

D Listen and Repeat 문장을 잘 듣고 따라 읽어 보세요.

I love the violin.

I love the vest.

I love the van.

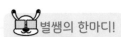 별쌤의 한마디!

"I love ~."는 "나는 ~을 사랑해요(엄청 좋아해요)."라는 뜻이에요. love는 like보다 강한 표현이죠? 문장을 읽을 때 'love'를 강조해서 연습해 보세요.

해석 나는 바이올린을 엄청 좋아해요. / 나는 조끼를 엄청 좋아해요. / 나는 승합차를 엄청 좋아해요.

Find and Circle 그림과 일치하는 단어를 알파벳 퍼즐에서 모두 찾아 ○표 해 보세요.

v	i	o	l	i	n	a	h	v	c
e	d	f	i	v	i	o	l	e	t
v	a	n	s	o	l	t	g	s	m
k	q	p	j	r	y	b	u	t	w

별쌤과 함께 블렌딩 연습

v[ㅂ]와 u[어]를 붙여서 읽어 봐요. 먼저 각각의 알파벳 소리를 낸 다음, 두 소리를 노래하듯이 이어 주세요.

  →

[ㅂ] [어]   [ㅂ어]   [버]

Ww는 wind처럼 [워] 소리가 나요

[워]

Ww 강의 보기

A Say and Write 알파벳을 읽으면서 대문자와 소문자를 정확하게 써 보세요.

소리는 이렇게

Ww(더블유)는 우리말 [워]
와 소리가 아주 비슷해요. 입
술을 모아서 '워'하고 소리
내어 보세요. 어렵지 않죠?

B Listen and Chant 음성과 챈트를 잘 듣고 따라 말해 보세요.

wind   watch   window   wolf

오늘의 단어 wind 바람 watch 손목시계 window 창문 wolf 늑대

88

C Listen and Trace 단어의 첫소리를 잘 듣고 따라 써 보세요.

Wind   wind

Watch   watch

Window   window

Wolf   wolf

D Listen and Repeat 문장을 잘 듣고 따라 읽어 보세요.

Can you see the wind?

Can you see the watch?

Can you see the window?

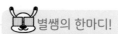 별쌤의 한마디!

"Can you see ~?"는 "~이 보이나요?"라는 뜻이에요.
이 영어 문장 패턴을 활용해 말할 때는 "Can you see the wind?"에서 'can', 'see', 'wind'를 강조해 보세요.
억양을 잘 이해하고 연습하면 영어로 유창하게 말할 수 있어요.

해석 바람이 보이나요? / 손목시계가 보이나요? / 창문이 보이나요?

wind   watch   window   wolf

별쌤과 함께 블렌딩 연습

w[워]와 e[에]를 붙여서 읽어 보세요. 먼저 각각의 알파벳 소리를 낸 다음, 두 소리를 노래하듯이 이어 주세요.

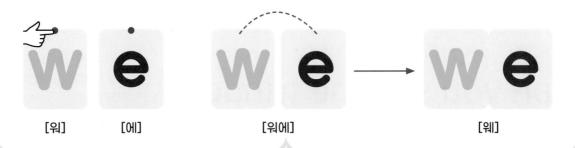

unit 28 Xx는 box처럼 [ㅋㅅ] 소리가 나요

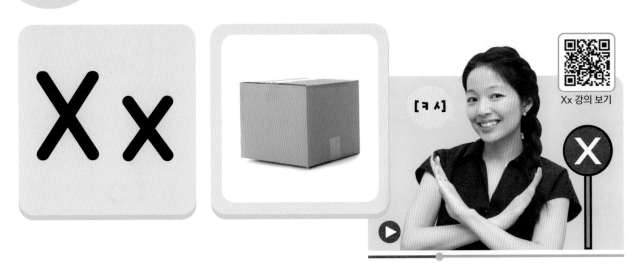

[ㅋㅅ]

Xx 강의 보기

A Say and Write 알파벳을 읽으면서 대문자와 소문자를 정확하게 써 보세요.

소리는 이렇게

Xx(엑스)는 참 재밌는 소리가 나요. k 소리와 s 소리가 연이어 같이 나거든요. 'ㅋ+ㅅ'라고 생각하면 쉬워요. 두 소리를 빠르게 붙여서 '크스~' 이렇게 읽어 보세요.

B Listen and Chant 음성과 챈트를 잘 듣고 따라 말해 보세요.

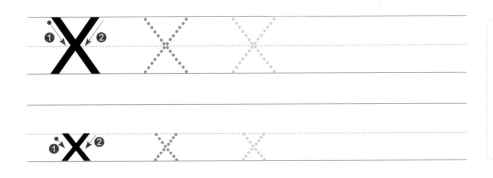

| box | fox | ox | six |

오늘의 단어 box 상자 fox 여우 ox 황소 six 6, 여섯

91

C Listen and Trace 단어의 끝소리를 잘 듣고 따라 써 보세요.

BOX box

FOX fox

OX ox

SIX six

D Listen and Repeat 문장을 잘 듣고 따라 읽어 보세요.

This is the box.

This is the fox.

This is the ox.

해석 이것은 상자예요. / 이것은 여우예요. / 이것은 황소예요.

Draw and Write 단어를 그림으로 나타내고 예쁘게 써 보세요.

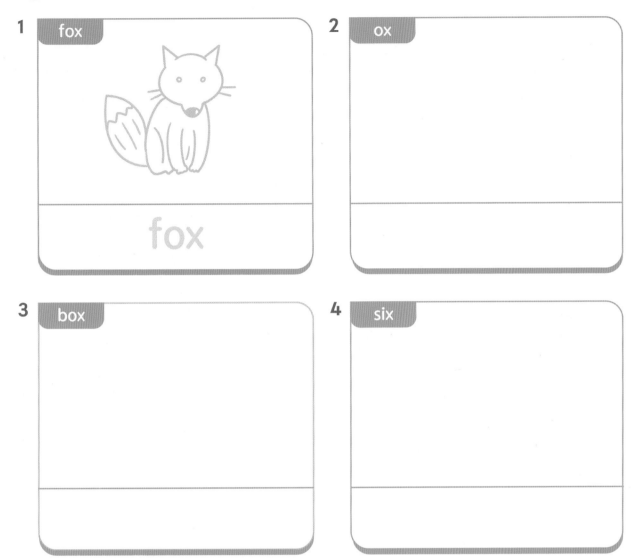

1 fox

fox

2 ox

3 box

4 six

별쌤과 함께 블렌딩 연습

u[어]와 x[ㅋㅅ]를 붙여서 읽어 봐요. 먼저 각각의 알파벳 소리를 낸 다음, 두 소리를 노래하듯이 이어 주세요.

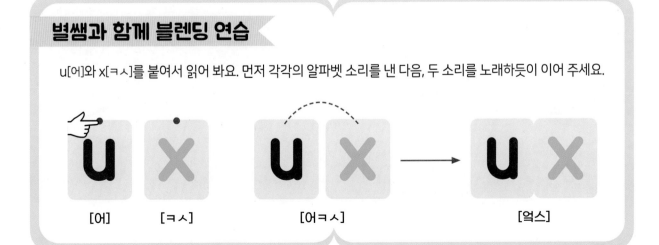

u   x   u x   →   u x

[어]   [ㅋㅅ]   [어ㅋㅅ]   [억스]

Yy는 yoyo처럼 [여] 소리가 나요

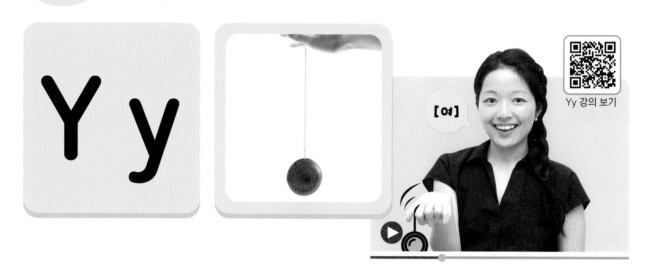

[여]

Yy 강의 보기

A Say and Write 알파벳을 읽으면서 대문자와 소문자를 정확하게 써 보세요.

Y Y Y

y y y

소리는 이렇게

Yy(와이)는 우리말 [여]와 소리가 아주 비슷해요. 입술을 모아서 '여'하고 소리를 내 주세요.

B Listen and Chant 음성과 챈트를 잘 듣고 따라 말해 보세요.

yoyo   yellow   yogurt   yes

오늘의 단어 yoyo 요요 yellow 노란(색) yogurt 요구르트 yes (질문에 대한 대답) 네, 응

C Listen and Trace 단어의 첫소리를 잘 듣고 따라 써 보세요.

Yoyo   yoyo

Yellow   yellow

Yogurt   yogurt

Yes   yes

D Listen and Repeat 문장을 잘 듣고 따라 읽어 보세요.

I have a yoyo.

I have a yellow yoyo.

I have a yogurt.

yellow yoyo

해석 나는 요요를 가지고 있어요. / 나는 노란색 요요를 가지고 있어요. / 나는 요구르트를 가지고 있어요.

 **Look and Circle** 그림과 일치하는 단어에 O표 해 보세요.

1

| yoyo | ring |

2

| violet | yellow |

3

| window | yogurt |

4

| yes | vest |

별쌤과 함께 블렌딩 연습

y[여]와 u[어]를 붙여서 읽어 봐요. 먼저 각각의 알파벳 소리를 낸 다음, 두 소리를 노래하듯이 이어 주세요.

y u
[여] [어]

y u
[여어]

→

y u
[여]

Zz는 zipper처럼 [ㅈ] 소리가 나요

[ㅈ]

Zz 강의 보기

A Say and Write 알파벳을 읽으면서 대문자와 소문자를 정확하게 써 보세요.

소리는 이렇게

Zz(지)는 우리말 [ㅈ]와 소리가 비슷해요. '즈' 소리를 내는 것이 힘들면 먼저 s 소리를 낼 때 입 모양을 떠올린 후 소리를 내 보세요.

B Listen and Chant 음성과 챈트를 잘 듣고 따라 말해 보세요.

zipper

zebra

zoo

zero

오늘의 단어 zipper 지퍼 zebra 얼룩말 zoo 동물원 zero 0, 영

C Listen and Trace 단어의 첫소리를 잘 듣고 따라 써 보세요.

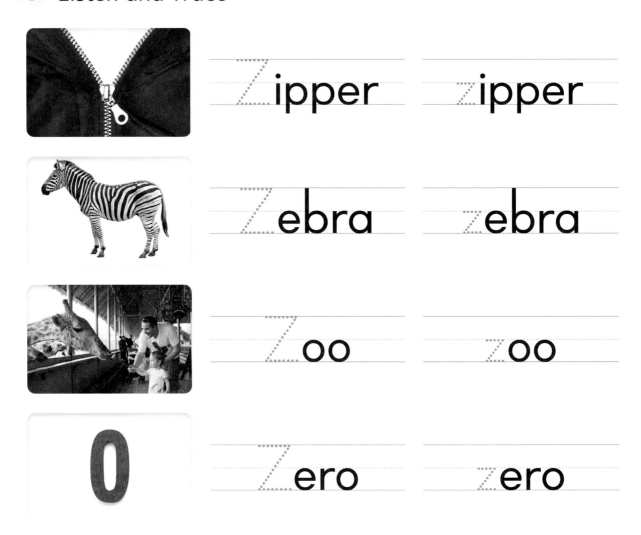

zipper   zipper

zebra   zebra

zoo   zoo

zero   zero

D Listen and Repeat 문장을 잘 듣고 따라 읽어 보세요.

Look at the zipper!

Look at the zebra!

별쌤의 한마디!

문장이 느낌표로 끝날 때에
는 마지막 단어를 강조해서
말해 보세요. 훨씬 유창하게
들릴 거예요.

Look at the zoo!

해석   지퍼를 봐요! / 얼룩말을 봐요! / 동물원을 봐요!

Find and Circle 그림과 일치하는 단어를 알파벳 퍼즐에서 모두 찾아 ○표 해 보세요.

a	z	i	p	p	e	r	b	z	c
g	f	e	o	k	h	m	i	o	j
z	e	b	r	a	u	t	r	o	d
q	l	s	n	z	i	z	e	r	o

별쌤과 함께 블렌딩 연습

z[ㅈ]와 u[어]를 붙여서 읽어 봐요. 먼저 각각의 알파벳 소리를 낸 다음, 두 소리를 노래하듯이 이어 주세요.

  →

[ㅈ]　[어]　　　　[ㅈ어]　　　　　[저]

U, V, W, X, Y, Z 모아서 연습해요

unit 31 듣기

A **Listen and Write** 알파벳 이름을 듣고 대문자와 소문자를 쓰세요.

1 _____

2 _____

3 _____

4 _____

B **Listen and Circle** 단어를 잘 듣고 첫소리에 ○표 하세요.

1

| U | V | W |

2

| U | V | W |

3

| V | W | X |

4

0

| X | Y | Z |

C Listen and Match 단어를 잘 듣고 일치하는 단어를 선으로 이으세요.

1 •   • box

2 •   • up

3 •   • yoyo

4 •   • window

D Listen and Circle 단어를 잘 듣고 첫소리가 다른 그림에 ◯표 하세요.

1
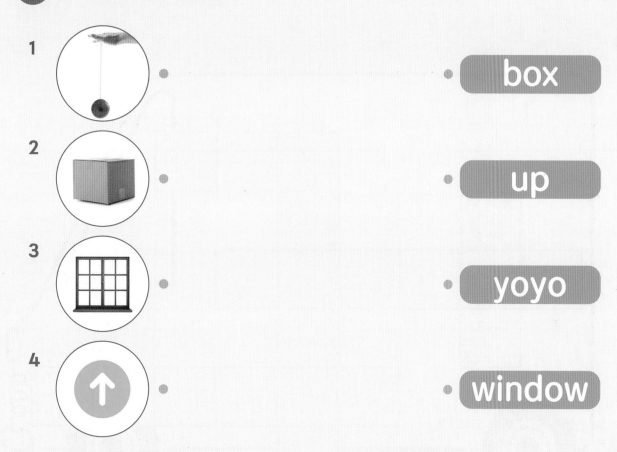

2
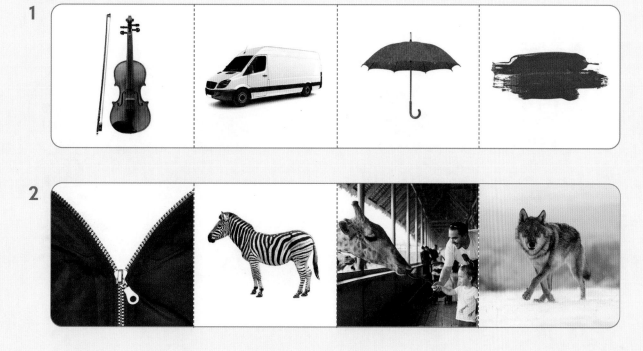

Puzzle Time 즐겁게 퍼즐을 맞춰 보세요.

가로 열쇠

① ③ ④

세로 열쇠

② ③ ④

바쁜

초등학생을 위한

빠른 파닉스

1 알파벳 소릿값

Phonics  정답

ANSWERS

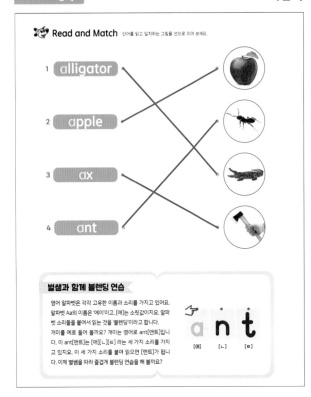

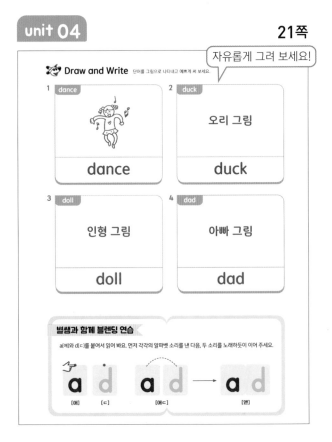

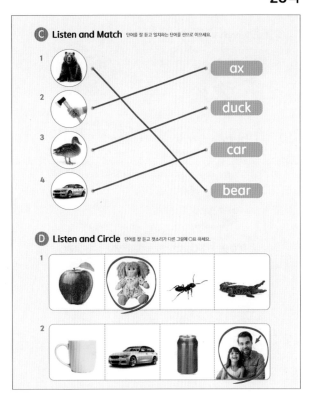

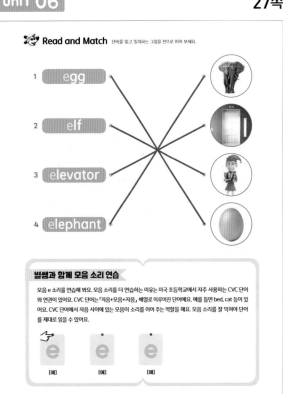

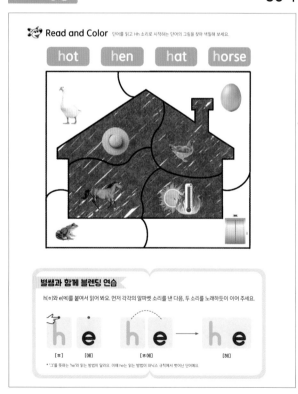

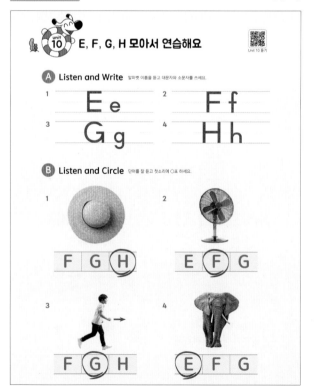

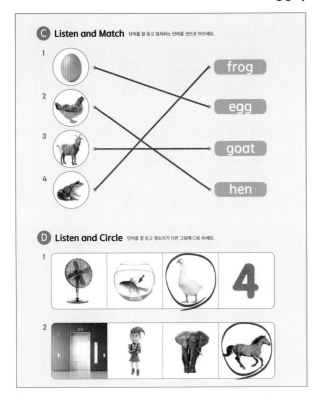

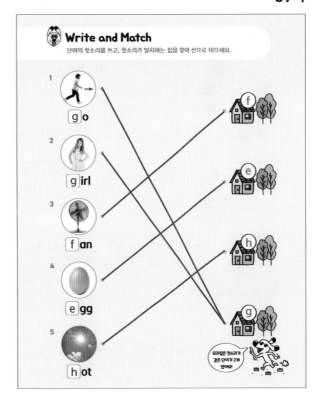

Answers 107

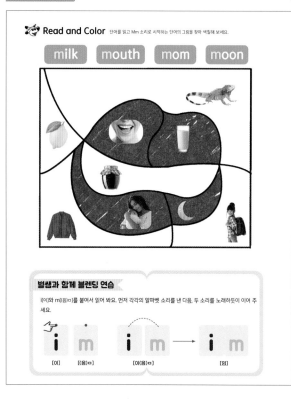

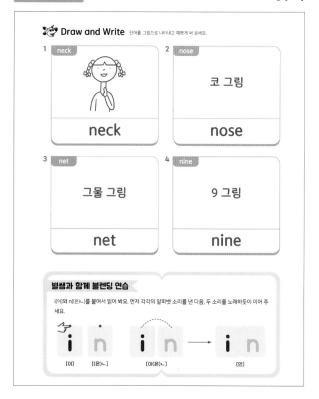

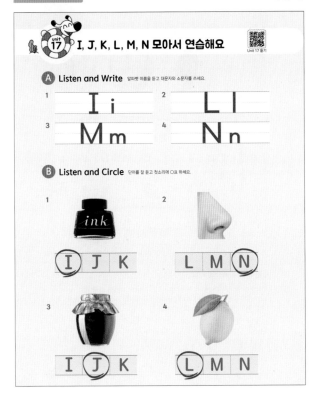

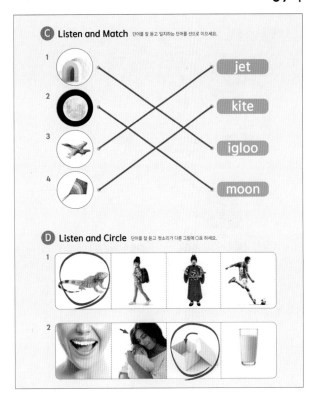

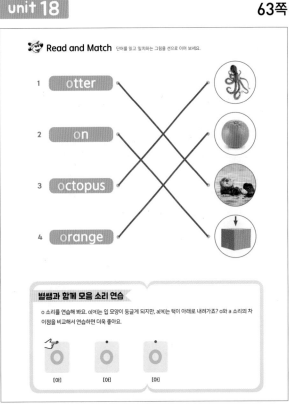

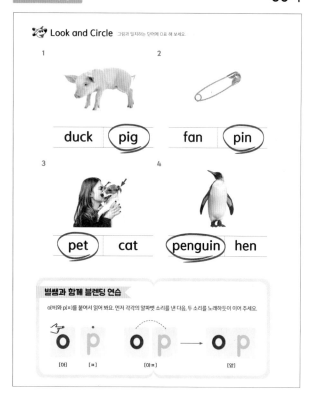

Look and Circle 그림과 일치하는 단어에 ○표 해 보세요.

1. duck （pig）
2. fan （pin）
3. （pet） cat
4. （penguin） hen

별쌤과 함께 블렌딩 연습

o[아]와 p[ㅍ]를 붙여서 읽어 봐요. 먼저 각각의 알파벳 소리를 낸 다음, 두 소리를 노래하듯이 이어 주세요.

o   p   o   p → o   p
[아]   [ㅍ]   [아ㅍ]   [앞]

Find and Circle 그림과 일치하는 단어를 알파벳 퍼즐에서 모두 찾아 ○표 해 보세요.

a	q	b	d	q	u	i	l	t	c
e	u	p	l	g	o	h	n	k	i
r	i	f	s	m	q	u	e	e	n
u	z	t	q	u	i	c	k	v	j

별쌤과 함께 블렌딩 연습

q로 시작하는 단어의 대부분은 u가 이어 나와요. qu라는 이중글자인데 소리는 하나인 경우(dagraph)예요. 이 소리 패턴은 나중에 2권에서 제대로 알려줄게요. 이번 시간에는 qu 소리가 [크워] 라는 것만 기억하면 돼요. qu[크워]와 i[이]를 붙여 읽어 보세요!

qu   i   qu   i → qu   i
[크워]   [이]   [크워]   [퀴]

Read and Color 단어를 읽고 R/r 소리로 시작하는 단어의 그림을 찾아 색칠해 보세요.

ring   rat   rabbit   red

별쌤과 함께 블렌딩 연습

r[뤄]와 o[아]를 붙여서 읽어 보세요. 먼저 각각의 알파벳 소리를 낸 다음, 두 소리를 노래하듯이 이어 주세요.

r   o   r   o → r   o
[뤄]   [아]   [뤄어]   [뤄]

Draw and Write 단어를 그림으로 나타내고 예쁘게 써 보세요.

1. snake   snake
2. star   별 그림   star
3. sun   태양 그림   sun
4. sky   하늘 그림   sky

별쌤과 함께 블렌딩 연습

o[아]와 s[ㅅ]를 붙여서 읽어 봐요. 먼저 각각의 알파벳 소리를 낸 다음, 두 소리를 노래하듯이 이어 주세요.

o   s   o   s → o   s
[아]   [ㅅ]   [아ㅅ]   [아ㅅ]

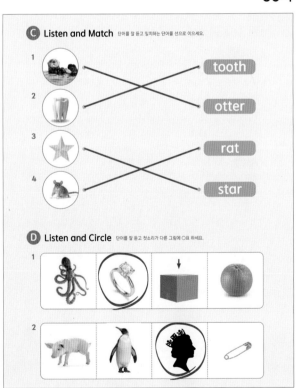

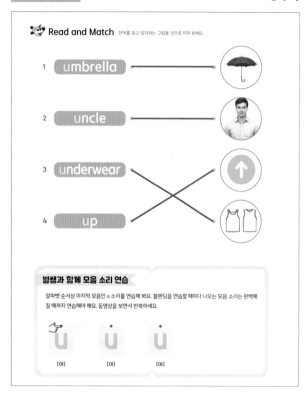

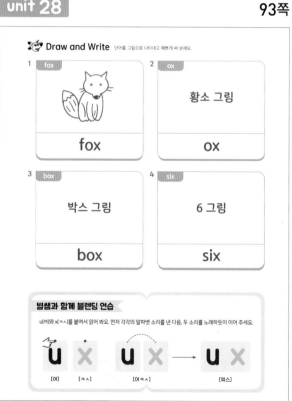

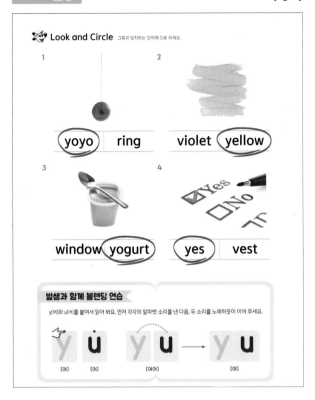

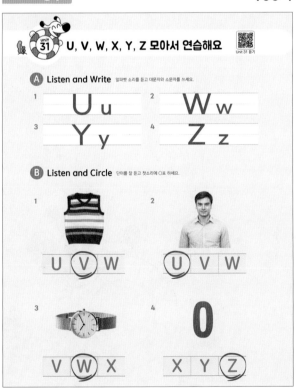

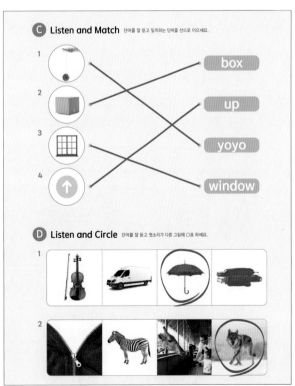

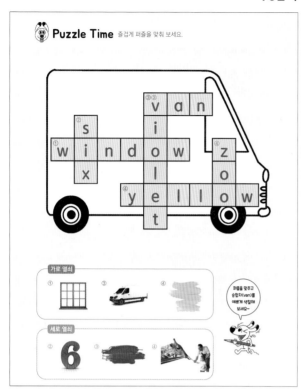

Cc	Bb	Aa
Ff	Ee	Dd
Ii	Hh	Gg
Ll	Kk	Jj
Oo	Nn	Mm

Rr	Qq	Pp
Uu	Tt	Ss
Xx	Ww	Vv
	Zz	Yy

점선을 따라 자른 후
블렌딩 연습에 활용하세요!

바빠 초등 파닉스 리딩

바쁜 친구들이 즐거워지는 빠른 학습서

바빠 시리즈

덜 공부해도 더 빨라져요!

연산 기초를 잡는 획기적인 책!
교과 공부에도 직접 도움이 돼요!
남정원 원장(대치동 남정원수학)

학습 결손이 생겼을 때 취약한
연산만 보충해 줄 수 있어요!
김정희 원장(일산 마두학원)

📖 교과 연계용 바빠 교과서 연산

이번 학기 필요한 연산만 모은 **학기별** 연산책

- **수학 전문학원 원장님들**의 연산 꿀팁 수록!
  - 연산 꿀팁으로 계산이 빨라져요!
- **국내 유일! 교과서 쪽수** 제시!
  - 단원평가 직전에 풀어 보면 효과적!
- **친구들이 자주 틀린 문제** 집중 연습!
  - 덜 공부해도 더 빨라지네?
- 스스로 집중하는 **목표 시계의 놀라운 효과!**

* 중학연산 분야 1위! '바빠 중학연산'도 있습니다!

📖 결손 보강용 바빠 연산법

분수든 나눗셈이든 골라 보는 **영역별** 연산책

- 바쁜 초등학생을 위한 빠른 구구단, 시계와 시간
- 바쁜 1·2학년을 위한 빠른 연산법
  - 덧셈 편, 뺄셈 편
- 바쁜 3·4학년을 위한 빠른 연산법
  - 덧셈 편, 뺄셈 편, 곱셈 편, 나눗셈 편, 분수
- 바쁜 5·6학년을 위한 빠른 연산법
  - 곱셈 편, 나눗셈 편, 분수 편, 소수 편

* ◯ 표시한 책은 더 많은 친구들이 찾는 책입니다!